Secretos del Marketing en Redes Sociales 2021

Haz Crecer tu Negocio Online con Facebook

Consejos y Estrategias Realmente Efectivas

(Genera Engagement y Fideliza a los Clientes)

Russ Norman

Introducción a los fundamentos del marketing en redes sociales

El auge de Internet, las historias de éxito y la presión de los medios de comunicación han demostrado a las marcas que tener presencia en las redes sociales es esencial en el mundo actual. Aunque una empresa puede destacar sin las redes sociales, los empresarios perderían una gran oportunidad de acelerar el crecimiento de su marca.

Sin embargo, un grave error que puede cometer cualquier empresa es lanzarse al marketing de las redes sociales sin una estrategia adecuada o pensar que subiendo contenido a plataformas de redes sociales como Facebook tendrá éxito.

Aunque siempre se puede tener un golpe de suerte, la mayoría de las marcas que siguen la tendencia de "probar y esperar" suelen obtener resultados mediocres y perder el tiempo fijando objetivos inalcanzables. Esto crea una mentalidad derrotista que probablemente después te desanimará a explorar tus posibilidades con el marketing en redes sociales.

Si quieres tener una alta probabilidad de éxito, es fundamental que utilices los consejos y estrategias de marketing en redes sociales que ofrece este libro. Al finalizarlo, tendrás un conocimiento profundo del mejor enfoque de marketing en redes sociales para TU negocio y cómo ejecutar tu estrategia de manera eficiente.

SU REGALO

Nos gustaría darte un regalo para agradecerte la compra de este libro. Puedes elegir entre cualquiera de nuestros otros títulos publicados.

Puede obtener acceso inmediato a uno de nuestros libros haciendo clic en el siguiente enlace y uniéndose a nuestra lista de correo:
https://campsite.bio/digitalmarketing

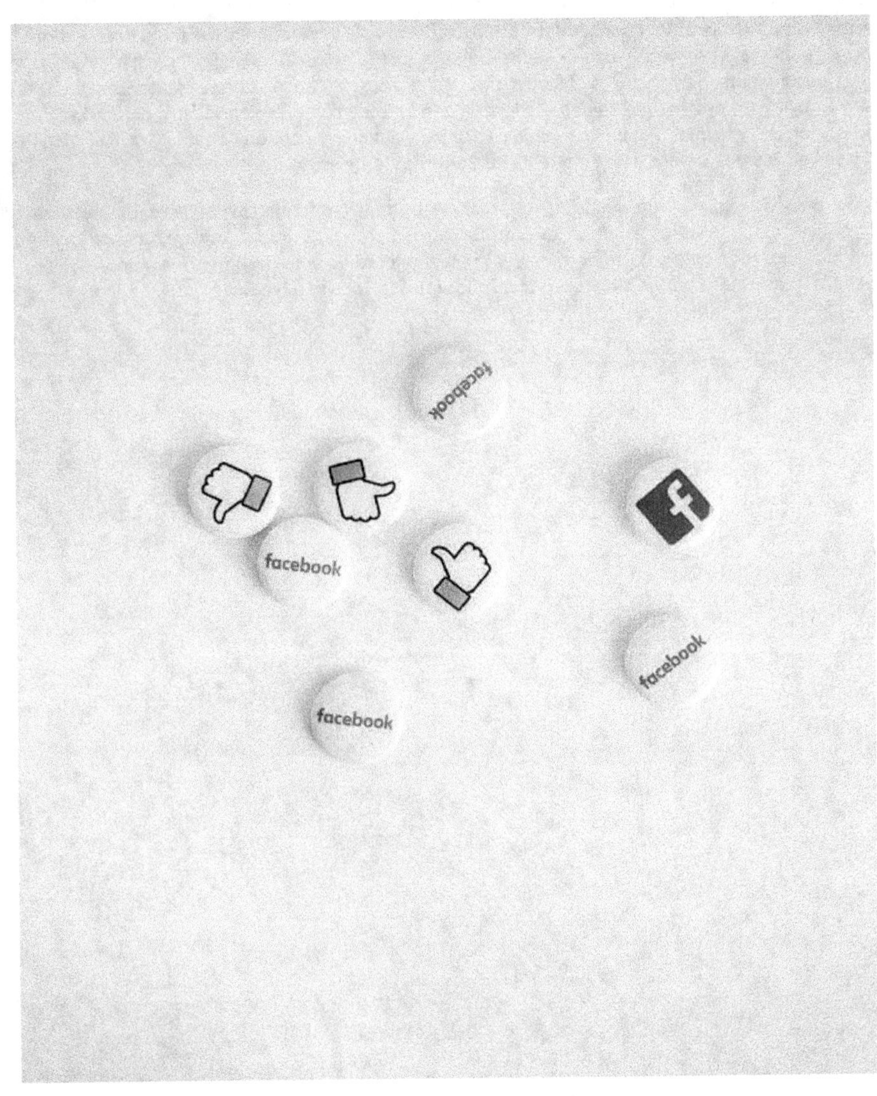

slidebean
MarKeting Strategy:
- MailChimp
- Hubspot
- Intercom
- Ads
- E

Contenido

Capítulo 1: Elige la mejor plataforma de redes sociales para tu marca

A no ser que dirijas una organización enorme con el capital necesario para realizar campañas en todas las plataformas de redes sociales potencialmente beneficiosas, es más prudente centrar tus esfuerzos en una o dos plataformas para comenzar.

Es mejor dominar dos o tres plataformas de redes sociales que ser mediocre en diez. Aunque algunos podrían argumentar que el software de marketing en redes sociales es gratuito, tu agenda diaria es un bien valioso y debe ser tratado como tal.

Además, no todas las plataformas de redes sociales se adaptan a tu modelo de negocio, tu público o tus objetivos. Para facilitar el proceso de lanzamiento, averigua cuáles son las plataformas de redes sociales que más utiliza tu grupo demográfico objetivo, o aplica una investigación de clientes para identificar qué plataforma será la más eficaz para promocionar tu marca.

Facebook suele ser la primera opción para las empresas debido a su enorme tamaño y alcance, pero otras plataformas "de nicho" tienen sus propias cualidades distintivas, y millones de usuarios como público potencial, como LinkedIn, Instagram o Pinterest. Cualquiera de estas plataformas puede ser el lugar en el que consigas un mayor impacto.

Sin embargo, para iniciar el proceso, regístrate en la plataforma que elijas, invierte mucho tiempo en investigar el enfoque correcto de tu estrategia de marketing en redes sociales y haz un seguimiento de tu proceso. En función de tu éxito inicial, puedes mejorar tu crecimiento o probar otras redes sociales que no sean solo Facebook.

Capítulo 2: Cómo empezar con el marketing en Facebook

Facebook tiene el mayor número de visitantes de todas las redes sociales, y más de mil millones de usuarios garantizan que tu grupo demográfico objetivo está ahí. Por algo es el rey de las redes sociales. En los últimos años, Facebook era un terreno abonado para que las empresas atrajeran un número masivo de seguidores y tráfico en la red, pero ese potencial ha disminuido desde hace unos años debido a una mayor competencia, la introducción de la promoción de pago y los esfuerzos de la empresa por encontrar un equilibrio entre el contenido personal y el de marca.

En 2018, Facebook desplegó una enorme actualización de su News Feed que indicaba que se daría prioridad al contenido personal de amigos y familiares sobre las publicaciones de negocios. Actualmente, el algoritmo del sitio promueve el contenido que mejora la interacción real de manera impactante.

Esto no es una gran sorpresa, ya que la plataforma se utiliza principalmente como una forma de conectar con amigos y familiares cercanos y con sus publicaciones. Sin embargo, también quieren entretenerse y acceder a personas con intereses similares, que es donde tu marca entra en escena.

Aunque el marketing en Facebook es más complejo que antes, la plataforma sigue siendo una parte importante en tu enfoque de marketing en redes sociales. Si se adopta el enfoque adecuado, aún se está a tiempo de alcanzar los objetivos de la empresa y de conectar con los clientes potenciales. Este libro te enseñará a construir y promocionar tu marca en la mayor red social de todos los tiempos y a acumular seguidores fieles en la plataforma.

La importancia de una página de empresa en Facebook

Las páginas de Facebook son más que un hogar para tus publicaciones y actualizaciones de estado. Dado que tu contenido puede no tener el debido reconocimiento en la sección de noticias de tus clientes, Facebook se ha asegurado de que tu página de empresa proporcione un valor real a los visitantes. Una página de empresa es ahora un destino en el que los visitantes pueden acceder a toda la información relevante sobre tu marca, incluidos los horarios, cómo hacer una reserva, comprar artículos, enviar reseñas y comentarios, así como también alimentarse de contenido que se ajuste a sus intereses.

Los expertos en marketing de redes sociales deberían tratar una página de Facebook igual que una aplicación de reseñas como Yelp o TripAdvisor. Es fundamental poner a disposición de los usuarios la información más sencilla, como lo que ofrece tu negocio, los horarios, las reservas y la información de contacto. Hacerlo puede aumentar tu visibilidad. Antes de empezar a trabajar en Facebook, tómate tu tiempo para configurar correctamente la presencia de tu marca y crear tu página con detalles importantes que impresionen a los visitantes.

Diferencia entre una página de Facebook y un perfil personal

Tras registrarte en la plataforma, accederás a una línea de tiempo personal. Es posible que lo conozcas como "Mi perfil", y está diseñado para individuos, no para marcas. Si quieres maximizar el potencial del marketing en Facebook, es vital crear una página de Facebook independiente.

Las páginas de Facebook tienen un aspecto similar al de los perfiles personales, pero están dotadas de herramientas especiales, como estadísticas, herramientas de publicidad y funciones personalizadas que albergarán la información de tu empresa. No necesitas una cuenta de Facebook diferente ni datos de acceso distintos para crear una página de Facebook.

Si actualmente utilizas tu cuenta personal para fines empresariales, es probable que Facebook cierre tu cuenta de forma permanente. En tal situación, adelántate al problema informando a tu público en tu cuenta personal de que vas a trasladar tu negocio a una página estándar. Anima a tu público y a tus clientes a dar "Me gusta" a la página si desean recibir actualizaciones sobre tus productos y servicios.

Puedes crear una página de Facebook simplemente haciendo clic en (https://www.facebook.com/pages/create) o escribiendo "Crear una página" en la barra de búsqueda.

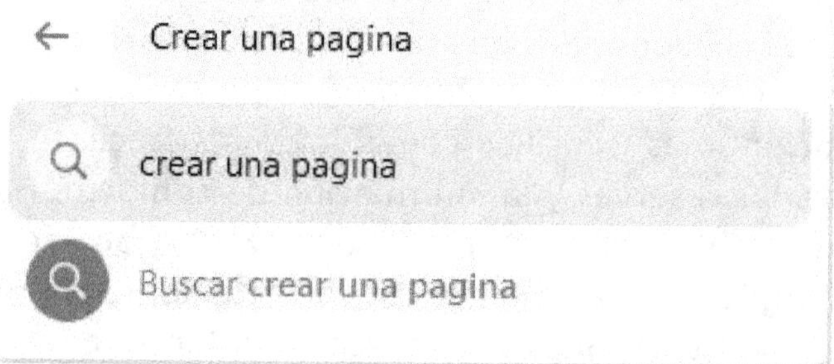

También puedes compartir el enlace a tu página de Facebook en tu línea de tiempo personal y animar a tus amigos y familiares a que le den "Me gusta" para que puedas empezar a reconstruir tu base de seguidores.

En cuanto ganes impulso, cierra tu página original. Puedes utilizar tu cuenta personal para fines no comerciales.

Crea el nombre de tu página de Facebook

En la medida de lo posible, asegúrate de que el nombre de Facebook que elijas sea corto y sucinto. Este nombre te será útil cuando crees anuncios de Facebook que sólo permiten 25 caracteres para el espacio del titular, normalmente el nombre de la página. Si quieres cambiar tu página, haz clic en "Información > Editar información de la página > Introduce el nuevo nombre de tu página". Modificar el nombre de tu página no cambia el nombre de usuario o la URL (se explicará más adelante).

Usuario aparecerá automáticamente bajo el nombre de la página, en tu URL y en los resultados de búsqueda para ayudar a la gente a identificar fácilmente tu página.

La relevancia de los datos empresariales

Asegúrate de incluir en tu página de Facebook la mayor cantidad de datos posible sobre tu marca. Detalles como la dirección, la información de contacto, los detalles del producto, la historia de la marca, la URL del sitio web y los nombres de las redes sociales deben incluirse en la sección "Información" de tu página de Facebook.

El esfuerzo que pongas en rellenar las secciones adecuadas con información vital puede desempeñar un papel crucial a la hora de atraer clientes y promocionar tu página en los motores de búsqueda, ya que el motor de búsqueda de Google indexa las páginas de Facebook.

¿Tienes un restaurante con parrilla o un parque acuático? Enumera los tipos de alimentos que vendes e incluye un menú en formato PDF que los clientes puedan consultar. También puedes utilizar la herramienta SinglePlatform para presentar las opciones de menú.

En 2016, Facebook implementó una forma de optimizar mejor las páginas en función del nicho, proporcionando plantillas prediseñadas. Estas plantillas te ayudan a configurar rápidamente para diferentes nichos como Servicios Profesionales, Automatización, Restaurantes, Logística y más. Hay diferentes plantillas para cada nicho que se corresponden con tu página de Facebook.

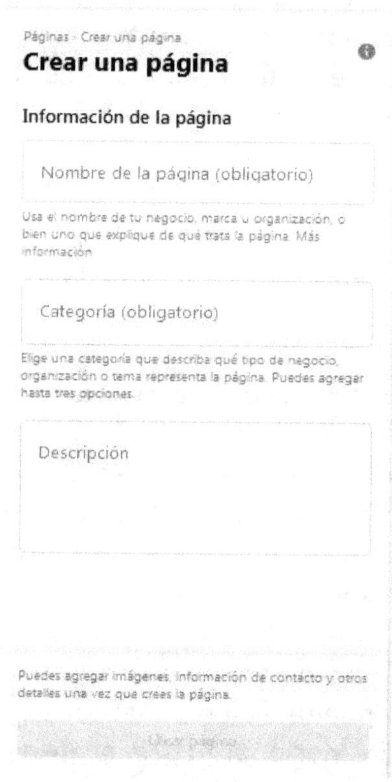

Si quieres cambiar el aspecto de tu página de Facebook para que se ajuste a los servicios de tu empresa, puedes configurar tu página en Configuración > Editar página > Plantillas. Otra ventaja de configurar correctamente tu página son los servicios profesionales de Facebook que se encuentran aquí (www.facebook.com/services/).

Los servicios profesionales de Facebook son la respuesta de la plataforma a servicios sociales como Yelp, donde puedes encontrar y hacer tu debida diligencia sobre las PYMES.

Cuando los clientes utilicen este servicio, los resultados de la búsqueda ofrecerán un enlace a la página de Facebook en cuestión, con todos los detalles relevantes de ese negocio. Por eso, añadir detalles de la empresa a tu página es muy importante para tu crecimiento en Facebook. Te conviene añadir todos los datos necesarios, como los horarios de apertura, la información de contacto, las valoraciones y las reseñas, y asegurarte de que están actualizados.

Consigue la marca de verificación
Dependiendo de la categoría de tu página (organización, empresa o negocio local) puedes optar a la verificación de Facebook, que es similar a las marcas de verificación que se conceden a las figuras públicas.

Las páginas verificadas tienen una mejor posición en los resultados de búsqueda y muestran que tu página es el perfil oficial de tu marca en Facebook. Puedes verificar tu página de Facebook accediendo al Menú General > Configuración de la página > Verificación de la página.

Se te pedirá un número de empresa o un documento oficial (licencia comercial, factura de impuestos, etc.) para confirmar que eres un representante de la empresa.

Foto de portada y botones CTA (Call To Action/Llamada a la acción)
Puedes promocionar tu mensaje de marca con la foto de portada de tu página de Facebook. Todo lo que necesitas es una imagen de calidad. La mejor resolución de imagen para usar en Facebook es de 820 x 312 píxeles. Cualquier otro tamaño de píxel se verá borroso o comprimido. Sin embargo, las fotos de portada aparecen en los smartphones con una resolución de 640 x 360. Sí, puede ser bastante confuso. Esto significa que Facebook muestra las fotos de portada en los dispositivos móviles y en los ordenadores de sobremesa con resoluciones diferentes.

Si no quieres que ningún texto de tu foto de portada quede recortado u oculto, se sugiere que coloques el texto en el centro de la foto y dejes un búfer invisible de 134 píxeles a ambos lados de la imagen. Lo ideal es que el texto cubra los 560 píxeles restantes.

Tu foto de portada debe mostrar tu personalidad, servicios, diferentes productos, destacar un regalo actual o ser una foto enviada por uno de tus clientes. El uso de contenidos generados por los usuarios hará que los seguidores se queden boquiabiertos y podrás contar con ellos para que difundan el evangelio de tu marca. Mantén las cosas frescas cambiando constantemente tu imagen de perfil y tu foto de portada. Puedes hacerlo una vez al mes, aunque la mayoría de las marcas prefieren un cambio estacional.

Puedes añadir una descripción de texto a tu foto de portada haciendo clic en la foto de portada después de haberla subido. Se recomienda añadir una descripción breve y atractiva, una llamada a la acción y enlaces relevantes a la página de tu producto, sitio web o página de promoción, o incluir un código de descuento para recompensar a los visitantes por hacer clic. Es habitual que los visitantes de la página inspeccionen tu foto de portada con detenimiento.

La descripción de texto es una forma sólida de captar la atención y animar a los visitantes a actuar. Puedes atraer más clics colocando un "botón" en tu foto de portada con una CTA (llamada a la acción) como "Consigue una sesión de spa gratis con tu próxima reserva - ¡Haz clic ahora!" Como alternativa, para llamar la atención de los visitantes que no están interesados en tu foto de portada, promueve el valor que los visitantes obtienen cuando hacen clic en el botón "Me gusta" de tu página, como boletines diarios, códigos de cupones aleatorios, etc.

Cada vez que un usuario de Facebook haga clic en el botón "Me gusta" de tu página, tu foto de portada y tu foto de perfil aparecerán en el News Feed del círculo cercano de ese usuario. Por lo tanto, haz que tu página sea visualmente atractiva independientemente de su tamaño en el feed de cualquier persona.

En 2016, Facebook actualizó su normativa sobre las fotos de portada. El comunicado de prensa decía: *"Las portadas no pueden ser engañosas, ni confundir, ni infringir los derechos de autor de nadie. No puedes animar a la gente a subir tu portada a sus timelines personales".*

Editar botón de la página   ✕

Elige la acción que quieres que realicen las personas que visitan tu página.

⚙ **Seguir**
Permite que las personas sigan tu página fácilmente.

Ver tarjeta de regalo
Elige un sitio web donde las personas puedan comprar tus tarjetas de regalo.

🍴 **Iniciar pedido**
Elige un sitio web en el que las personas puedan pedir tu comida.

▦ **Reservar**
Indica el lugar donde las personas pueden concertar sus reservas contigo.

❓ **Cotizar**
Recopila la información que necesitas de los clientes potenciales que hacen clic en "Cotizar".

📞 **Llamar**
Elige dónde quieres recibir las llamadas.

🔗 **Contactarnos**
Elige un sitio web en el que las personas puedan encontrar tu información de contacto.

Enviar mensaje
Recibe mensajes en la bandeja de entrada de tu página.

Enviar mensaje de WhatsApp
Elige el número vinculado con tu cuenta de WhatsApp para que las personas puedan contactarse contigo.

✉ **Enviar correo**
Elige una dirección de correo electrónico en la que las personas puedan ponerse en contacto contigo.

ℹ **Más información**
Elige un sitio web en el que las personas puedan obtener más información sobre lo que haces.

✏ **Registrarte**
Elige un sitio web en el que las personas puedan registrarse para recibir tu newsletter.

Usar app
Elige dónde las personas pueden encontrar tu app.

Jugar
Elige un sitio web en el que las personas puedan encontrar y usar tu juego.

▶ **Ver video**
Elige un sitio web en el que las personas puedan encontrar y ver el video.

🛍 **Comprar**
Elige un sitio web en el que las personas puedan encontrar tu tienda.

La plataforma es conocida por eliminar las fotos de portada de las páginas que no siguen sus directrices, por lo que es vital que te adhieras a las reglas para evitar restricciones innecesarias. En un momento dado, Facebook informó a los propietarios de páginas de que el texto en las fotos de portada debía limitarse al 20% del espacio total. Dado que esta norma ha sido archivada, ahora puedes añadir tu información de contacto, los detalles del precio y la información de compra en tu imagen de portada.

Aunque esto representa una noticia positiva para los especialistas en marketing de redes sociales, hay que tener cuidado. La sobrecarga de texto puede hacer que tu foto de portada tenga un aspecto caótico. Es recomendable que actúes con cierta moderación, porque el valor de captar la atención de tu audiencia a través de una foto de portada es casi inigualable.

Incluye enlaces, promociones y una CTA (llamada a la acción) en el diseño de la foto de portada
En 2014, Facebook puso en marcha botones de llamada a la acción (CTA) que los propietarios de las páginas pueden añadir a las fotos de portada, como "Usar app", "Contactarnos" y "Reservar". Los botones se diseñaron para impulsar los objetivos de tu negocio. Estos botones CTA (call to action) pueden vincularse a cualquier dirección dentro o fuera de la plataforma.

En 2016, se añadieron botones CTA (llamada a la acción) como "Solicitar hora" y "Recibir presupuesto", entre otros. Cuando un usuario interactúa con tu página de cualquier manera, como por ejemplo para concertar una cita, Facebook Messenger crea automáticamente un hilo de conversación entre tu página y el usuario para que pueda reservar y finalizar la cita.

Utiliza una foto de perfil de Facebook adaptable

Aunque tu foto de portada ocupa más espacio en tu página de Facebook, tu foto de perfil es la que más influencia tiene, ya que aparece en toda la plataforma, en las noticias, en la sección de comentarios, junto a las publicaciones de tu línea de tiempo personal y junto a tu foto de portada. El tamaño recomendado para una foto de perfil es de 180 x 180 píxeles, sin embargo la foto aparece como 128 x 128 píxeles en los dispositivos móviles, y como 170 x 170 píxeles en los ordenadores de sobremesa. En la sección de comentarios, se reduce a 43 x 43 píxeles.

Es obvio que tu foto de perfil debe ser una imagen reconocible independientemente del tamaño. Tu foto de perfil tiene diferentes formas en la plataforma: cuadrada en tu página, circular en las publicaciones, en los anuncios y en la aplicación Messenger. Imagina cómo aparecerá tu foto de perfil en una forma circular, y utiliza un diseño que funcione bien para ambas formas.

Utilizando ese diseño, sube una imagen que se integre perfectamente con el diseño de tu foto de portada, y viceversa. No dudes en experimentar con las paletas de colores de tus fotos de perfil y de portada, pero da prioridad a que el logotipo de tu marca sea reconocible.

Al igual que la foto de portada, puedes editar el texto de la descripción de tu foto de perfil para incluir información relevante y enlaces a descuentos o a tu página web para premiar a los usuarios que hagan clic en ella.

Incluye pestañas relacionadas con tu negocio en tu página de Facebook
Los propietarios de las páginas pueden añadir y posicionar diferentes pestañas en función del tipo de negocio y de los servicios prestados. Estas pestañas son una gran manera de impulsar tus servicios, ofertas, lanzamiento de productos, eventos, etc. a un público más amplio. Las pestañas más populares se mencionan a continuación. Puedes incluir cualquiera de estas pestañas en tu página desplazándote a Configuración de la página > Editar página > Pestañas.

Pestaña Servicios

Utiliza la pestaña Servicios para mostrar tus productos y servicios, así como para ofrecer a los clientes potenciales una vía fácil para adquirirlos. Cuando crees una pestaña de Servicios, debes proporcionar información como el nombre del servicio, el precio, la duración de la oferta y una foto del producto. Cuando los clientes envíen solicitudes a través de la pestaña Servicios, recibirás una notificación en Facebook Messenger donde podrás responder y negociar con los clientes.

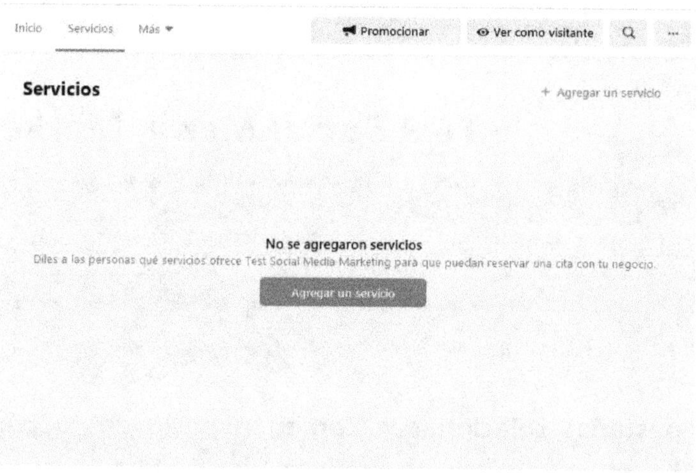

Pestaña Tienda

La pestaña Tienda se utiliza para listar los productos disponibles en el "marketplace" de Facebook. Los clientes pueden consultar tus existencias y comprar estos productos o servicios a través de Facebook o de tu sitio web. Aunque todas las páginas tienen acceso a la pestaña "Tienda", hay diferentes funciones disponibles en función de tu ubicación.

Todas las páginas pueden;

- Mostrar el stock de productos, añadir productos e información relevante
- Acceder a las cifras de participación, como el número de clics

y las visualizaciones de tus anuncios

Los propietarios de páginas con sede en Estados Unidos pueden gestionar los pedidos y vender productos directamente desde la página, actualizar el estado del producto y del envío, así como cancelar o reembolsar pedidos desde la página. Si vives fuera de Estados Unidos, puedes proporcionar un enlace a otras plataformas donde tus clientes puedan comprar los artículos.

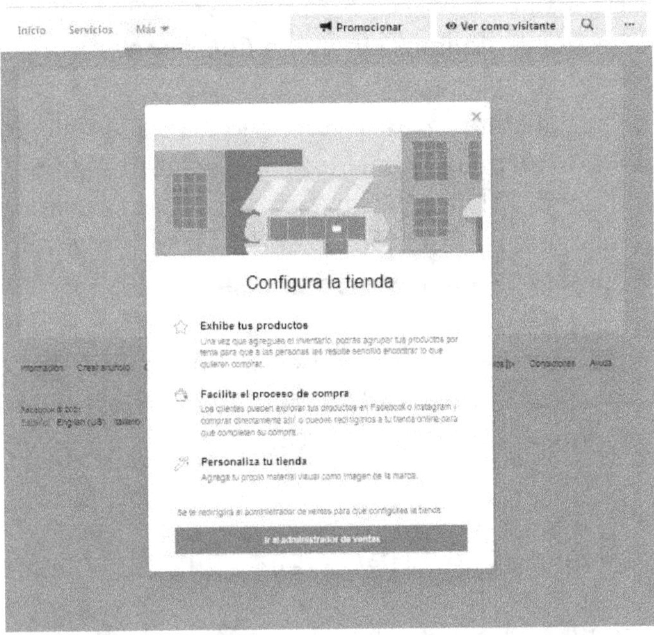

Lo ideal es que tus productos aparezcan en Facebook Marketplace cuando añadas una tienda para potenciar su visibilidad.

Cuando añades un nuevo artículo a tu tienda, es buena idea compartirlo en tu línea de tiempo para promover el conocimiento de ese producto. Incluso puedes etiquetar a los clientes a través de la función "Etiquetar producto" en el cuadro de actualización de estado. Si quieres que tus productos sean únicos, incluye contexto en tus publicaciones. El contexto implica mencionar si el producto está en oferta, es una edición limitada o es nuevo.

Después de incluir una sección de tienda en tu página, intenta crear una colección para diferentes categorías de productos. De este modo, podrás dividir los productos en las categorías adecuadas, lo que facilitará a los compradores la identificación de lo que quieren comprar. Para crear una colección:

- Haz clic en Tienda

- Toca la "Rueda" de ajustes y elige "Gestionar tienda"

- En Gestionar tienda, selecciona Colecciones

- Escribe el nombre de la colección. Puedes elegir incluir la colección en tu lugar destacado en la parte superior del botón de la tienda. Tienes la capacidad de añadir cualquier número de productos, aunque Facebook limita el número de productos que aparecen en tu página a 10

- Puedes acelerar este proceso marcando la casilla de verificación junto a cada producto que desees incluir en tu colección y, a continuación, Guardar.

Pestaña Eventos

La pestaña Eventos se utiliza para promocionar los próximos eventos organizados por tu marca. Después de crear el evento, puedes publicarlo como un post en tu página, que también aparecerá en la pestaña Eventos. Los usuarios pueden entonces señalar su interés registrándose para la ocasión.

La pestaña de Eventos sirve como foro para las discusiones sobre el evento antes, durante y después de que haya concluido. Puedes interactuar con los visitantes, asistentes y clientes mediante dicha pestaña.

Promociona tu marca con pestañas personalizadas en tu página de Facebook

Las pestañas personalizadas son submenús disponibles en todas las páginas de Facebook en formato de columna y se encuentran en la parte izquierda de la pantalla. Son útiles para organizar concursos o conseguir que los clientes se inscriban para recibir correos electrónicos promocionales. Si utilizas la barra de búsqueda de Facebook para encontrar una aplicación de nicho, como "aplicación de sorteos", es probable que obtengas una lista de sugerencias que puedes instalar en un tiempo mínimo.

También puedes utilizar estas pestañas personalizadas para promocionar otras plataformas de redes sociales como Twitter, Instagram, Pinterest y YouTube. Puedes decorar tus pestañas personalizadas con un diseño específico utilizando la aplicación Static HTML iframe. Es gratuita y puedes encontrarla a través de la barra de búsqueda de Facebook.

Si tienes dificultades con el aspecto de codificación de la configuración, puedes probar alternativas como Shortstack y KontestApp para crear pestañas personalizadas.

Asegúrate de que tu sitio web tiene botones de compartir y un plugin de página de Facebook

Consulta (https://developers.facebook.com/docs/plugins/page-plugin) para ver los plugins gratuitos de Facebook. Después de instalar el plugin, marca las opciones de "Mostrar publicaciones de la página" y "Mostrar caras de amigos". Cuando los visitantes consulten tu página web, verán las fotos de perfil de sus amigos que también han dado "Me gusta" a tu página. Además, podrán acceder a tus publicaciones recientes en Facebook.

Aunque la mayoría de los plugins de páginas de Facebook se sitúan en la barra lateral, algunas marcas se han beneficiado de colocarlos debajo de las entradas de blog. En este caso, el plugin sirve como botón CTA, por ejemplo, "¿Quieres saber más sobre nuestra marca? Toca el botón "Me gusta" para unirte a nuestra comunidad de Facebook".

Además del plugin de la página de Facebook, puedes incluir los botones "Me gusta" y "Compartir" en diferentes lugares de tu sitio web. Esta estrategia anima a los visitantes a compartir su amor por tu marca con su círculo virtual, y pueden elegir cómo quieren expresarlo.

Al hacer clic en el botón "Me gusta" se publica un enlace en Facebook, mientras que el botón "Compartir" incluye la opción de añadir un mensaje al enlace. Puedes conseguir estos botones de forma gratuita a través de una búsqueda en Google o aquí: (https://developers.facebook.com/docs/plugins/like-button/). Puedes consultar todos los recursos de marca oficiales de Facebook para uso online y offline aquí: (www.facebookbrand.com/)

Pon a punto tu aplicación de Messenger y tu página de Facebook para la atención al cliente

Si tu página de Facebook está activa, los clientes esperan poder ponerse en contacto contigo para realizar peticiones, quejas y otras necesidades y consultas. Las consultas pueden enviarse a través de Messenger, mensajes directos o en tu página.

Los clientes suelen preferir los chats en directo, ya que así sus problemas se resuelven más rápidamente. Puedes configurar tu sección de mensajes en la configuración de la página de Facebook. Cualquiera puede iniciar una conversación contigo en Messenger simplemente haciendo clic en el botón "Mensaje" de tu página.

Otra ventaja asociada al uso de Messenger para cuestiones de atención al cliente es que puedes ampliar tu alcance a través de anuncios basados en Messenger, ya que dispones de una amplia lista de clientes potenciales en los chats a los que puedes dirigirte.

La función de bandeja de entrada unificada de Facebook te permite gestionar todos tus chats en Facebook e Instagram.

Utiliza la aplicación Messenger para conectar con los clientes

Las páginas de Facebook tienen un nombre de usuario personalizable (por ejemplo, **@AwesomeShirtSales**) que facilita a los posibles clientes y a los clientes habituales la identificación y el contacto con tu marca. El nombre de usuario se encuentra debajo del título de la página. Si ya tienes una URL personalizada, ten en cuenta que esta URL es la misma que tu nombre de usuario.

Los clientes también pueden iniciar el contacto directo con tu marca utilizando códigos y enlaces de Messenger. Los enlaces de Messenger crean un enlace con tu nombre de usuario, como **m.me/AwesomeShirtSales**, que lleva directamente a un cuadro de chat con tu marca en Messenger.

Lo mismo ocurre con los códigos de Messenger. Son códigos QR que los clientes pueden escanear con las cámaras de sus smartphones para iniciar una conversación con tu empresa. Puedes utilizar Códigos y Enlaces en tu página web o en canales de marketing alternativos para fomentar la comunicación con tu negocio. Puedes descargar imágenes de Messenger Code en la bandeja de entrada de tu página.

Fortalece tu servicio de atención al cliente con las funciones de saludos, respuestas instantáneas y respuestas guardadas
Los saludos de Messenger son textos de bienvenida que aparecen a un cliente cuando intenta iniciar una conversación con tu marca. Puedes personalizar estos textos como quieras e informar a la gente de lo que puede esperar cuando deje un mensaje. Crea y edita un saludo en Configuración de mensajes y haz una lista de preguntas frecuentes para facilitar el proceso de consulta.

Las respuestas instantáneas son mensajes generados automáticamente que se envían al cliente cuando se pone en contacto contigo, por ejemplo, "Gracias por ponerse en contacto con nosotros. Solemos responder en menos de 30 minutos. Consulte nuestra lista de preguntas frecuentes aquí mientras espera la respuesta". Ten en cuenta que las respuestas instantáneas no funcionan si el estado de tu mensaje es "Ausente". Sólo puedes activarlo o desactivarlo durante 12 horas.

Si recibes a menudo las mismas preguntas, utiliza la función de respuestas guardadas para crear respuestas rápidas. Puedes crear y elegir una respuesta guardada de la siguiente manera:

- Haz clic en el icono de la burbuja de diálogo en la configuración de respuesta a mensajes
- Crea una nueva respuesta
- Crea un título
- Incluye el texto y las imágenes
- Añade contenidos personalizados como el nombre del destinatario

Las respuestas guardadas son una excelente manera de mantener un alto índice de respuesta en tu página y de impresionar a los clientes que esperan respuestas rápidas.

Siempre que estés fuera de línea, establece el estado de tus mensajes en Ausente para informar a los clientes de que responderás cuando te conectes. Este cambio de estado mantendrá tu tasa de respuesta alta y sentará un buen precedente con tus clientes.

También puedes atender a tus clientes de forma eficiente etiquetándolos con etiquetas personalizadas como "alta prioridad", "cliente habitual", etc. En la app de Messenger, haz clic en el nombre del cliente para acceder a su perfil y a sus interacciones anteriores con tu marca. Esta información te ayudará a personalizar tus mensajes. También puedes consultar los comentarios de los clientes para mejorar tu servicio de atención al cliente. Haz clic en Configuración de la página; Messenger. Aquí puedes acceder a todos los comentarios de los clientes.

Prueba los chatbots de Facebook Messenger

Además de los mensajes manuales de Messenger, los chatbots están cambiando el panorama de la mensajería. Los chatbots te dan la capacidad de ampliar el número de clientes con los que conversas y te permiten ampliar tu alcance, lo que conduce a más ventas a través de la automatización. Software como Odus y ZoConvert te permiten construir chatbots sólidos para Facebook Messenger.

Los chatbots pueden mejorar tu experiencia en Facebook Messenger de múltiples maneras:

Difundiendo contenido

A los clientes les resulta más difícil ignorar las notificaciones del chat que las del correo electrónico. Los chatbots pueden ayudarte a entregar contenido directamente en la bandeja de entrada del Messenger de tus clientes.

Mostrando contenido relevante para tu audiencia

Los chatbots de Facebook Messenger pueden utilizarse para promover tu estrategia de marketing de contenidos. Ofrece un enfoque sutil para ofrecer anuncios personalizados a tu público objetivo.

Interactuando con los participantes del evento

Entrega información a los invitados antes (recordatorios del evento), durante (lista de puntos tratados) y después (comentarios del público) de un evento para mantenerlos actualizados.

Desencadenando conversaciones sobre tu marca con los anuncios de Facebook

Puedes crear conversaciones en torno a tu marca con los anuncios de Facebook. Los anuncios de Facebook se dividen en dos categorías: Los anuncios de Click-to-Messenger sirven de embudo desde el News Feed hasta la bandeja de entrada de Messenger.

Los mensajes patrocinados son una forma eficaz de enviar mensajes a cualquier cliente que haya interactuado antes con tu página de Facebook.

Los anuncios de Facebook Messenger te ayudan a interactuar con los clientes potenciales, con las personas que visitaron tu producto pero no lo compraron, o con la gente que hizo consultas a través de Facebook Messenger en el pasado. Por ejemplo, los mensajes patrocinados pueden utilizarse para enviar ofertas promocionales y contenido interesante, mientras que los anuncios de clicks en Messenger pueden utilizarse para atraer la participación en forma de preguntas.

Desarrollando un embudo de ventas en la página de Facebook

Utiliza los anuncios Click-to-Messenger para atraer a tu público objetivo. Cuando un usuario de Facebook haga clic en el anuncio, será redirigido a una conversación con un chatbot de tu cuenta.

Conectando con tu público en privado

Es sabido que el News Feed de Facebook está plagado de contenido promocionado. Messenger es una gran manera de mantenerse alejado de todo el contenido genérico. Los clientes verán tu anuncio en su aplicación de Messenger, con la que es más fácil interactuar en comparación con los de la línea de tiempo. Cuando hagan clic en tu anuncio, el enlace le dirigirá a una conversación en Messenger o a tu sitio web/página de producto.

Capítulo 3: Define tus objetivos de marketing y analízalos

Antes de subir actualizaciones de estado a las redes sociales, es beneficioso establecer temas específicos y objetivos generales de tu estrategia de marketing. La definición de tus objetivos te ayudará a diseñar tu enfoque de redes sociales, que bien podría ser la piedra angular de tu gran marketing. Se recomienda utilizar la técnica SMART a la hora de diseñar los objetivos prácticos para las redes sociales.

A continuación se desglosa la técnica SMART:

Específico: Sé específico sobre tus objetivos. ¿Tu objetivo es promover el conocimiento de la marca? ¿Triplicar las ventas? ¿Actualizar la atención al cliente? ¿Fidelizar a los clientes? Pon una cifra alcanzable.

Medible: ¿Con qué parámetros quieres cuantificar tus objetivos? ¿Qué software de análisis utilizarás para medir tu crecimiento?

Alcanzable: ¿Has establecido objetivos realistas? Cuando empieces a poner en marcha tu estrategia en las redes sociales, sé modesto en tus expectativas para no perder el ritmo si no alcanzas el objetivo previsto. Lleva tiempo (sobre todo si es la primera vez que te dedicas en serio al marketing en redes sociales) hacerse experto en ello.

Realista: ¿Están tus objetivos en consonancia con la misión, los valores y la visión de la marca?

Limitado en el tiempo: ¿Cuál es el plazo previsto para obtener resultados? Para mantener el rumbo de tu estrategia de marketing, elige un objetivo a alcanzar cada vez. Por ejemplo: "Quiero aumentar las ventas con descuento en un 40% en los próximos meses".

Tal vez vendas ropa de segunda mano y suelas vender 40 conjuntos a la semana, ¿por qué no intentas aumentar esa cifra a 65 conjuntos con la ayuda de las redes sociales? Tras un periodo determinado (al menos tres meses), calcula tu progreso con herramientas de análisis, engagement y otros criterios para analizar tu actividad en las redes sociales.

Realiza una encuesta a los clientes para crear tu estrategia de marketing en Facebook

Realizar una encuesta a los clientes es una forma sólida de hacerse una idea acerca de cómo dar forma a tu estrategia en las redes sociales de modo que atraiga a tus clientes. Una encuesta puede determinar el tipo de contenido que necesitas compartir con tu audiencia para conseguir engagement. Utiliza esta encuesta para identificar a fondo las necesidades, los intereses y los gustos de tus clientes en las redes sociales.

Hazte preguntas como: ¿Qué problemas puedo resolver, qué preguntas puedo responder, qué temas impulsan más el engagement, qué formato prefiere mi audiencia para ver el contenido (texto, vídeo, gráficos) y a qué horas participa más mi audiencia en mis publicaciones?

Las herramientas de análisis como TrueSocial Metrics y SEM Rush son programas populares de pago que ponen al descubierto toda la información relevante, pero no es necesario gastar dinero para obtener una visión general de lo que hay que hacer. ¿Cómo? Deja que tu competencia haga todo el trabajo por ti.

El primer paso es identificar a tus competidores. Si aún no lo sabes, una rápida búsqueda en Google te revelará tus competidores más cercanos por ubicación o cualquier otro filtro. También puedes visitar las páginas de las redes sociales y el sitio web de la competencia para echar un vistazo.

Comprueba la frecuencia con la que tus competidores publican artículos y posts en las redes sociales (¿los publican a diario, semanalmente o cada quince días?) y qué posts generan más engagement. Puedes identificar fácilmente los niveles de engagement con el número de acciones, likes y comentarios.

Puedes entender mejor la estrategia de tus competidores determinando qué publicaciones son originales frente a los contenidos compartidos por terceros, incluyendo el tono y los temas tratados. Puedes utilizar esta información como plantilla para tu plan de marketing en redes sociales y mejorar cualquier error que identifiques.

Crea un calendario de contenidos para el futuro
Uno de los retos más difíciles a los que puede enfrentarse cualquier marca es tener que publicar repetidamente contenido fresco y de calidad para su audiencia. Un perfil de redes sociales estancado para cualquier empresa es la versión online de cerrar la tienda. Si no publicas contenido de forma constante, tus seguidores asumirán que tu negocio no funciona, aunque estés prosperando fuera de Internet. Las publicaciones constantes pueden promover el engagement y dejar a tus lectores entusiasmados por la siguiente, lo que a su vez genera una relación más estrecha con los seguidores.

Una forma sencilla de generar contenidos de forma constante es establecer un calendario de contenidos para las redes sociales. Este calendario te ayuda a programar las publicaciones durante semanas y meses. Tener un plan claro de lo que quieres publicar por adelantado guía tus decisiones y te permite ofrecer contenidos adaptados a las diferentes temporadas. De este modo, puedes evitar la trampa de publicar contenidos mediocres por falta de tiempo o de creatividad.

También puedes planificar el contenido para los días festivos importantes como Navidad, el Día de MLK, Acción de Gracias, el Día de la Independencia, y crear contenido adecuado para las "fiestas menores" como San Valentín y/o el Día del Trabajo, ya que son días en los que la audiencia busca activamente descuentos.

Tener un calendario de contenidos para las redes sociales en el que puedas recoger ideas te evita preocuparte por publicar a diario y te ayuda a centrarte en la entrega de contenidos a largo plazo para tu negocio. Aunque habrá ocasiones en las que publiques de forma espontánea, tener un calendario de contenidos debería servir como base de tu estrategia de marketing en redes sociales.

Una idea eficaz para elaborar contenidos a largo plazo para tu estrategia de marketing es mantener un tono diario en todas tus plataformas de redes sociales. Un buen ejemplo es este: formular una pregunta interesante el lunes, compartir una cita el martes, publicar una entrada de blog el miércoles y subir una infografía el jueves.

Capítulo 4: Cómo crear tu estrategia de marketing en Facebook

Por fin has creado tu página de Facebook y estás fomentando las interacciones y las conversaciones. Así que ahora necesitas identificar formas de maximizar el potencial de tu página de Facebook.

Fija actualizaciones de estado y publicaciones importantes
Facebook permite a los propietarios de páginas fijar una sola publicación en la parte superior de su línea de tiempo durante siete días. Esta función puede ser muy útil si quieres que tus seguidores vean fácilmente el contenido valioso de tu página. Otras actualizaciones de estado aparecerán debajo de la publicación fijada, a menos que la elimines antes de que transcurra el límite de duración, lo que la devolverá a su posición cronológica inicial.

Cuando crees una publicación, quédate en ella hasta que aparezca un icono, tócalo y "Fijar en la parte superior de la página". Los mejores tipos de publicaciones para anclar en tu perfil son las promociones, los anuncios y los enlaces a productos.

Inserta publicaciones para promover las interacciones
Hace siete años, Facebook lanzó la función de inserción, con la que se pueden incluir publicaciones y enlaces de perfil a un sitio externo. Desde entonces, las publicaciones insertadas se han utilizado para desencadenar conversaciones. Puedes utilizar esta función para fomentar las conversaciones desde tu página e iniciar interacciones desde diferentes plataformas, como un boletín de noticias o una publicación en un blog.

Cuando tu actualización de estado se publica, *cualquiera* puede insertar la publicación desde tu línea de tiempo u otras plataformas. Las publicaciones insertadas muestran el potencial de promoción masiva. Las publicaciones insertadas también tienen botones para que los visitantes compartan, comenten o den "Me gusta" a una publicación, incluida la capacidad de dar "Me gusta" a tu página de Facebook.

Puedes insertar una publicación de la siguiente manera:

- Pasa el ratón por encima de la publicación, haz clic con el botón izquierdo del ratón en el icono del lápiz que aparece y haz clic en "Insertar".
- Aparecerá un código que puedes pegar como código HTML en tu blog o sitio web.

Haz "repost" de contenido de calidad en un formato natural

No todo el mundo estará conectado cuando publiques el contenido por primera vez. Si tienes contenido de calidad en forma de artículo o enlaces, puedes volver a publicarlos en diferentes momentos del día. Sin embargo, nunca debes utilizar el mismo texto para los enlaces. Combínalo. Facebook bloqueará tu publicación si sigues publicando el mismo texto repetidamente, ya que los usuarios reaccionan mal al contenido de "copiar y pegar".

Utiliza Facebook Audience Optimization para aumentar el engagement

Facebook Audience Optimization permite a los propietarios de páginas adaptar las publicaciones orgánicas a un conjunto específico de seguidores, en función del sexo, la edad, los intereses o la ubicación. No todos los seguidores estarán interesados en TODAS tus publicaciones. Dependiendo de tu nicho y de los objetivos de tu estrategia de marketing, es posible que tengas que dirigir tus publicaciones a un grupo de seguidores para aumentar tu engagement.

Si estos seguidores en particular interactúan con tus publicaciones, tu contenido seguirá apareciendo en su News Feed en el futuro, lo que tendrá un impacto en tu tasa de engagement. Si no utilizas esta función, puedes activarla en la configuración de la página.

- Haz clic en General > Audiencia y visibilidad de las publicaciones en el canal de noticias
- Para activar la optimización de la audiencia, toca el "símbolo de la cruz" en la actualización del estado de Facebook
- Pulse sobre el público preferido (puede filtrar su línea de tiempo en función de sus intereses)
- Mezcla los intereses (asegúrate de que estén relacionados con tu puesto)
- Restricciones de la audiencia (elige quién puede ver tus publicaciones en función del idioma, la edad, la ubicación y el sexo)
- Guarda tus elecciones

Puedes ver las estadísticas de las publicaciones optimizadas para el público a través de los símbolos de la cruz en Facebook Insights > Targeting. Es fundamental que experimentes con esta función para ver cómo se comparan tus publicaciones habituales con las segmentadas.

Fomenta las interacciones, pero no atormentes a los usuarios para tener engagement

Si quieres atraer mejores tasas de clics en Facebook y dirigir el tráfico de otras plataformas sociales a tu sitio web, sé directo con lo que esperas de tus clientes con tu CTA.

Algo como "Haz clic aquí para obtener más detalles (enlace)". Un pequeño empujón en la dirección correcta puede marcar la diferencia entre una actualización de estado ignorada y una exitosa.

Sin embargo, ten en cuenta que Facebook actualiza habitualmente su algoritmo de News Feed para rastrear las páginas que fomentan el engagement baiting a través de enlaces, etiquetas y comentarios. Un ejemplo clásico de tag-baiting es el siguiente: *"¿Quieres ganar nuestro premio? Etiqueta a un amigo. El premio se entregará a quien etiquete a 20 amigos"*.

El comment baiting se parece a: *"¡Comenta SÍ si bebes café por la mañana!"*

El link-baiting sería: *"¡Pulsa aquí para ver lo que pasó detrás de los escenarios en los Grammys! Imágenes sexys* incluidas"

Facebook pretende priorizar el contenido de calidad y promover las interacciones creíbles, por lo que si se detectan engagement baits en tu perfil, las publicaciones similares serán prohibidas en la sombra (shadow banned) en el News Feed de tus clientes. Su algoritmo es tan potente que incluso puede detectar si las palabras de un vídeo fomentan el engagement-baiting.

Por lo tanto, si estás pensando en hacer publicaciones como las mencionadas anteriormente, es recomendable que abandones estas tácticas.

Gana visitas con las funciones "Ver primero" y "Recibir todas las notificaciones"

Una táctica creíble que puedes emplear para asegurarte de que tus seguidores reciben todas tus publicaciones es animarles a activar las notificaciones de tus publicaciones. Facebook tiene dos funciones - "Ver primero" y "Recibir notificaciones"- que se encuentran al pasar el cursor por encima de los botones "Seguir" y "Me gusta", debajo de tu foto de portada.

Cuando seleccionen estas funciones, los seguidores recibirán una notificación cada vez que publiques actualizaciones de estado. Tu publicación aparecerá automáticamente en la parte superior de su línea de tiempo. Puedes animar a los usuarios a utilizar estas funciones ofreciendo una guía paso a paso con capturas de pantalla sobre cómo realizar la acción.

Es tu prerrogativa si quieres preguntar a tus seguidores o no, ya que algunos podrían encontrarlo demasiado insistente. Considera la solidez de tu relación con tus seguidores antes de tomar cualquier decisión. Si decides seguir esta táctica, no la conviertas en algo habitual.

Adapta las imágenes del blog para el consumo en Facebook
Ya en 2013, Facebook aumentó el tamaño de las imágenes en miniatura en el News Feed que se compartían desde los artículos. Cuando se publica un contenido que incluye un enlace, Facebook utiliza automáticamente una imagen del artículo como miniatura, siempre que tenga un tamaño decente. Los blogs o artículos compartidos en la sección de noticias mostrarán una imagen de ancho completo con una breve reseña y el título del blog.

Sin embargo, para que una imagen grande se muestre en Facebook, la anchura de la imagen debe ser 1,91 veces la altura de esta. Facebook recomienda que las imágenes de los blogs tengan una resolución de al menos 1200 x 630 píxeles, lo cual es poco realista para la mayoría de los bloggers. En cambio, puedes publicar entradas de blog que incluyan una imagen de al menos 600 x 315 píxeles. Este es el requisito mínimo para cualquier imagen de una entrada de blog que pueda mostrarse en diferentes dispositivos, como una tableta, un móvil o un ordenador de sobremesa.

Si la imagen que utilizas es inferior a la resolución mínima requerida, Facebook comprimirá el tamaño de la imagen, haciéndola borrosa.
Al igual que el consejo que compartimos anteriormente, otra estrategia que puedes probar es publicar "citas" de una publicación del blog, convertirla en una imagen o utilizarla junto a una imagen visualmente atractiva. Utiliza el enlace de la entrada del blog en tu actualización de estado y controla el engagement.

Los vídeos de Facebook pueden maximizar el potencial de tu página
La introducción de los vídeos en Facebook ha modificado el panorama de la plataforma social, y no hará más que expandirse. Es mejor publicar un vídeo original directamente en Facebook, en lugar de compartir un enlace de Twitter o YouTube.

Esto se debe a que Facebook da prioridad a los vídeos nativos en términos de alcance. Si crees que tu contenido de vídeo beneficiará a los usuarios ahora y en el futuro, puedes publicarlo en Facebook y más tarde como un enlace de YouTube.

Maximizar la fuerza de los vídeos de Facebook

Los vídeos de Facebook tienen la reproducción automática y el audio activado. Cuando un usuario se desplaza hasta el vídeo en su News Feed, éste se reproduce inmediatamente. Sabiendo esto, tienes que decidir una estrategia para llamar la atención de tus seguidores en menos de 3 segundos.

Normalmente, cuando hay movimiento en los primeros segundos o la imagen en miniatura es de una persona mirando a la cámara, los usuarios están más dispuestos a ver el vídeo.

Otra opción es añadir subtítulos a tus vídeos de Facebook sin sonido, una estrategia muy popular. También puedes integrar un archivo SRT en tu vídeo para obtener subtítulos automáticos. Facebook favorece especialmente este tipo de vídeos porque puede analizar el texto y mostrar el vídeo a la audiencia pertinente. Se trata de una "promoción gratuita" muy beneficiosa.

También puedes crear una lista de reproducción para tus vídeos en la pestaña Vídeo (para aumentar el tiempo de visionado). Puedes hacer que un vídeo específico sea la pieza central de tu lista de reproducción con el botón Destacado. El vídeo destacado se colocará en una posición central bajo la sección "Acerca de", lo que representa una magnífica oportunidad para hablar de tu negocio o destacar una oferta en curso.

Para potenciar la visibilidad de tus vídeos, añade etiquetas descriptivas con las personas que aparecen en el vídeo. Elige una miniatura interesante de la lista que aparece después de subir el vídeo. También puedes utilizar una miniatura personalizada que debe tener al menos 1920 x 1200 píxeles. Recuerda que tu imagen debe tener menos del 20% de texto.

Si la miniatura tiene un porcentaje de texto superior al estipulado y decides promocionar el vídeo en el futuro, Facebook dará prioridad a otros vídeos con una imagen en miniatura más limpia sobre tu publicación. Recuerda utilizar el código de inserción del vídeo en las publicaciones de tu blog o en tu sitio web para crear más conciencia y compromiso. Puedes incrustar todo el vídeo o sólo el reproductor de vídeo para promover un aspecto más nítido.

Quizás quieras incluir efectos de sonido o música en tus vídeos de Facebook e Instagram. Hay una colección de sonidos dedicada a Facebook (www.facebook.com/sound/collection/). La colección tiene múltiples géneros, voces y casi todo lo que necesitas para que tu vídeo destaque. Tu vídeo debe ajustarse a la estrategia mencionada en los párrafos anteriores.

Estrategia de contenidos para Facebook Stories
Facebook lanzó en 2018 Page Stories, donde los propietarios de las páginas pueden compartir contenido visual con los seguidores. La función es similar a las Historias de Instagram y te permite compartir imágenes y contenido de vídeo que representan tu marca y servicios directamente desde tu smartphone. Las Historias de Facebook suelen mostrar pegatinas de colores y texto que pueden utilizarse para que los espectadores patrocinen tu negocio.

Textos como "Llama ahora", "Compra ahora", "Cómo llegar" o "Reserva ahora" están vinculados directamente a tu feed de Historias, con un botón que refleja las opciones de CTA (llamada a la acción) que se muestran en el encabezado principal. Las Historias de Facebook representan una forma colorida de involucrar a tu audiencia de una manera divertida y auténtica para cultivar relaciones más fuertes. Puede servir como una estrategia vital para mejorar el atractivo de la colmena que fomenta Facebook.

La sensación de "falta de pulido" y la rápida creación de las Historias hacen que esta función sea una mejora de las publicaciones normales de la página. Además, cualquier persona puede ver la historia de tu página cuando hace clic en tu foto de perfil. Las Historias también aparecen en la parte superior del News Feed de tus seguidores, lejos del abarrotado timeline.

Puedes crear Historias de Facebook en tres sencillos pasos:
- Desplázate hasta tu página y toca los tres puntos de la esquina superior derecha
- Haz clic en "Abrir cámara" > Crear una historia
- Cuando termines de grabar, haz clic en el botón "+ Historia de la página" para compartir la Historia con tus seguidores.

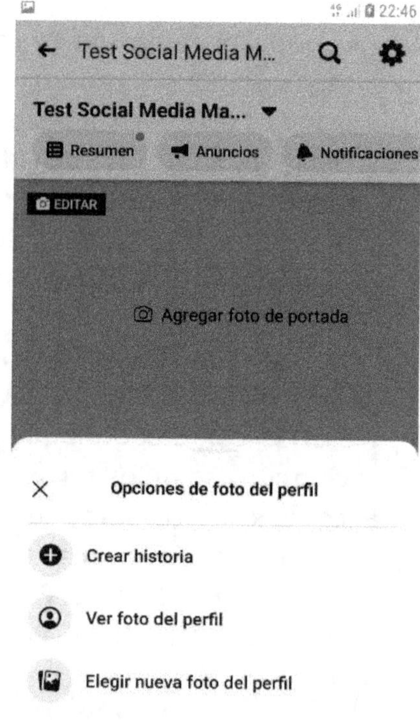

Estrategia de contenidos para Facebook Live Video

Facebook lanzó su función "Live" a una audiencia global en 2016. Esta función permite a los usuarios grabar y publicar (una vez finalizada la transmisión en directo) vídeos en directo en la plataforma a través de la cámara web o la aplicación móvil. Se puede grabar un vídeo en directo de hasta media hora. Para ello:

- Haz clic en Actualizar estado
- Pulsa el botón de vídeo en directo para empezar a grabar

Tienes la opción de escribir una descripción sobre el tema de tu vídeo que puedes compartir con tus seguidores antes de empezar tu Facebook Live. Cuando inicies tu emisión, podrás comprobar el número de espectadores, los comentarios en directo y los nombres de las personas que sintonizan.

Al final de tu vídeo en directo, recibirás inmediatamente información sobre el número de espectadores, y otras métricas relacionadas. Tienes la opción de publicar la transmisión completa en tu News Feed, donde las personas que se lo perdieron la primera vez pueden verlo. Puedes incluir una descripción que explique a la audiencia lo que puede esperar, o probar la promoción pagada para aumentar la exposición.

Cómo maximizar el potencial de tus vídeos de Facebook Live

La naturaleza espontánea de los vídeos de Facebook Live significa que algunos miembros de tu audiencia se perderán tu transmisión. Puedes crear expectación que lleve a tu transmisión dentro del Video Manager. Hay una opción para que los espectadores establezcan recordatorios para que puedan recibir una notificación cuando inicies tu transmisión. Tener una transmisión programada significa que puedes crear conciencia no sólo en Facebook sino también con una URL personalizada que puedes compartir en múltiples plataformas.

Si tu página de Facebook incluye una tienda de productos, considera la posibilidad de combinar estas funciones para crear una emisión de tipo infomercial. Cuando hables de tus productos en la emisión, puedes etiquetar fácilmente los productos en tu vídeo. Esto animará a tus clientes a hacer clic en el enlace que les redirigirá a tu página de productos.

Después de subir tu vídeo, toca el botón Etiquetar productos, escribe los nombres de los productos mencionados y publica el vídeo.

Si va a haber varios moderadores en el chat en directo, Facebook ofrece vistas de pantalla dividida en tu página a las que se puede acceder en la aplicación móvil. Se conoce como "Live With". Cuando inicies una emisión en directo en modo horizontal, el invitado y tú apareceréis uno al lado del otro. Las emisiones en modo vertical aparecerán individualmente en una página.

Incluye un título atractivo: Se recomienda crear un título descriptivo para promover la visibilidad. Facebook realiza miles de millones de búsquedas "a diario". Un esfuerzo extra por tu parte podría darte ventaja.

El pie de foto debe contar una historia: Pon un título al vídeo con un texto descriptivo. Es posible que muchas personas no tengan paciencia para ver el vídeo, por lo que es fundamental proporcionar información breve sobre el contenido para ayudar a la audiencia a decidir si merece la pena verlo.

Facebook sugiere a los propietarios de páginas que utilicen una cita clave del vídeo como pie de foto para fomentar el interés. Esta estrategia aumentará las "expectativas de los espectadores". Como alternativa, puedes llegar a un público más amplio con tu vídeo en directo etiquetando a las páginas que han contribuido a tu contenido, o a páginas similares que puedan promocionar tu vídeo.

Aunque Facebook ha desactivado el botón CTA (llamada a la acción) para los vídeos en directo, todavía puedes integrar una llamada a la acción en tu vídeo de Facebook. En el pie de foto del vídeo, puedes insertar enlaces a tu sitio web o a una publicación de tu blog, invitando a los visitantes a acceder a información adicional pulsando en el enlace. Además, puedes animar a los espectadores a que compartan su opinión y dejen sus comentarios.

También puedes nombrar una CTA (llamada a la acción) durante el vídeo o añadir un texto superpuesto. Hablar de una CTA (llamada a la acción) durante un vídeo atrae un mayor engagement. Además, puedes añadir un texto superpuesto al final de la emisión o una imagen estática antes de terminar la transmisión en directo.

Aunque no tengas tiempo de responder a todas las preguntas o comentarios de la audiencia a mitad de la emisión, asegúrate de responder tan pronto como termines. Puedes desplazarte por la sección de comentarios para comprobar los que puedes responder.

Si realizas constantemente retransmisiones en directo desde una página de empresa, haz una recopilación de tus repeticiones en una lista de reproducción para que los visitantes puedan encontrar vídeos específicos más adelante. Puedes crear una lista de reproducción en la pestaña Vídeos.

Impulsa el engagement y los temas con hashtags

Hace 7 años, Twitter siguió la tendencia marcada por Pinterest y lanzó su función de hashtags, que se muestran como enlaces en los que se puede hacer clic. Los hashtags ayudan a los usuarios a descubrir publicaciones relacionadas con un tema en Facebook. Con la cantidad de contenido que se comparte en la plataforma, los hashtags son una forma estupenda para que las marcas creen expectación en torno a conversaciones específicas de forma original. Aunque los hashtags no se utilizan tanto en Facebook como en otras plataformas sociales, puedes añadirlos a tu estrategia.

Maximiza el alcance de los hashtags de Facebook

Dado que la mayoría de las marcas quieren transmitir mensajes breves y concisos (los estudios demuestran que los pies de foto cortos atraen un mayor engagement), utilizar los hashtags con moderación es una estrategia sólida. Se recomienda que el uso de un solo hashtag es lo mejor para tu marca. Los hashtags de marca también proporcionan una forma poderosa de redirigir el tráfico de los eventos populares en tu base de seguidores a tu página, y para que los clientes potenciales descubran tu marca.

Identifica oportunidades de colaboración con nuevas páginas comprobando los hashtags relevantes y haciendo un seguimiento de tus hashtags para ver lo que la gente dice sobre tu marca.

Recicla tu contenido en todas las plataformas de redes sociales

Es importante tener en cuenta que una pieza de contenido inicialmente elaborada en un formato (por ejemplo una declaración de la empresa) puede utilizarse en diferentes plataformas en diferentes formatos: compartirlo en Facebook, tuitearlo, convertirlo en una historia de Instagram, publicarlo en un blog, etc.

Utilizar el contenido de esta manera es una forma fiable de maximizar el potencial de tu contenido, especialmente si tienes pocos recursos o estás muy ocupado.

Capítulo 5: Cómo maximizar tu engagement

¿Cómo se consigue una estrategia de marketing en redes sociales de gran éxito? Es sencillo, crea una estrategia de comunicación en redes sociales que conecte con el cliente.

Las formas de marketing convencionales, como la publicidad en prensa y televisión, funcionaban de forma diferente en ese sentido porque la línea de comunicación era unidireccional con una mínima posibilidad de retroalimentación; sin embargo, las plataformas de redes sociales han cambiado el juego.

Ahora que la comunicación bidireccional es la norma y tu marca está en el punto de mira del público, debes adoptar una personalidad tranquila y fiable cuando trates con tu audiencia. Asegúrate de conectar con tu público a nivel personal, no como un bot sin rostro detrás de un teclado, y escucha para entender a tu audiencia.

Esto se aplica a todos los propietarios de empresas, tanto si se trata de una nueva empresa como de una corporación. No importa si diriges una empresa SaaS o un parque acuático. Dicho esto, un excelente punto de partida es establecer un tono específico que coincida con la disposición de tu marca.

Mantener la misma disposición en las publicaciones de las redes sociales, la publicidad offline y el contenido web crea una experiencia paralela para tus usuarios.

Se puede comparar con el hecho de que todos los McDonald's tengan el mismo sabor en todo el mundo. Cuando tu marca tiene un tono específico, tu audiencia capta patrones reconocibles y actúa como un gran argumento de venta.

Las marcas que utilizan una voz social específica y la mantienen en todas las plataformas sociales pueden vadear las distracciones y transmitir un mensaje conciso que dará mejores resultados.

Haz que tu marca sea personal y cuenta historias

Las redes sociales son un medio para que la gente se relacione, por lo que debes abrirte y dejar que tu público vea el funcionamiento interno de tu marca. Sé transparente y original en tus mensajes: la transparencia en este contexto significa que debes ser claro sobre lo que tu marca suele compartir con los clientes. Sin embargo, hay una línea profesional/personal que no debe cruzarse.

Lo ideal sería que no hablaras de un divorcio que estás atravesando o de lo estupenda que es tu vida sexual. Eso es definitivamente cruzar el límite. En lugar de eso, adapta la voz de tu marca, muestra humor en tus publicaciones y utiliza la jerga habitual o el lenguaje de Internet.

La originalidad suele atraer a los clientes a una marca y, a su vez, éstos interactuarán activamente con tus publicaciones, las compartirán con sus amigos y familiares y comprarán tu producto o servicio cuando los anuncies, en lugar de optar por una marca con la que no tienen ningún tipo de conexión emocional.

Un enfoque verdaderamente humano, respaldado por la narración de historias -el modelo de comunicación más poderoso para los humanos- ha demostrado ser una táctica sólida para emplear en las plataformas sociales. Te ayuda a diferenciarte de las ventas genéricas de la web y, con una combinación inteligente de texto e imágenes interesantes, puedes atraer la atención de los seguidores desde el típico modo de navegación en piloto automático.

Como empresa, ese es el mejor momento para interactuar con la audiencia, mantener su conocimiento a medida que pasa el tiempo (si no estás centrado en cultivar el engagement en las redes sociales, lo estás haciendo mal) y, finalmente, ganar su lealtad y sus compras.

A continuación se muestran algunos ejemplos de "versus" que ponen de relieve cómo el hecho de pensar un poco en tus publicaciones puede mejorar tu comunicación con tus clientes potenciales. Ten en cuenta que el idioma preferido es el segundo en estos ejemplos:

- Céntrate en el cliente: "Acabamos de lanzar nuestra colección de zapatillas de primavera, échale un vistazo" frente a "Sé el más guay del barrio con estas nuevas zapatillas XYZ // #SpringSneakers para arrasar".

- Ofrece un valor directo: "Comprueba estos movimientos de sumisión de MMA" frente a "Estos movimientos de sumisión de MMA pueden ayudarte a ganar cualquier combate en 20 segundos".

- Despierta la curiosidad del cliente: "Las investigaciones demuestran que el ejercicio ayuda a dormir mejor" frente a "El 68% de los hombres de más de 40 años dicen que hacer ejercicio mejora su calidad de sueño. Esto es todo lo que necesitas saber".

- Utiliza un lenguaje sencillo: "Los estudios e investigaciones demuestran que comprar nuestra crema hidratante para la piel aumenta el porcentaje de grasa de tu rostro en un 30%, ¿a qué suena increíble?" frente a "¡Acaba de llegar! Los expertos dicen que nuestra crema hidratante para la piel aumenta la hidratación de tu rostro en un 30%, ¡incluso en días calurosos!"

En los párrafos siguientes se exploran varios consejos para las ideas de contenido que mejor muestran los ejemplos mencionados anteriormente. Sin embargo, las preguntas importantes que hay que hacerse son: ¿quién es mi público? ¿Cómo mejoran mis productos su calidad de vida? ¿Cuáles son las historias de mis clientes? ¿Cómo puedo comunicarme con ellos en su idioma de preferencia?

Nota: En cuanto al uso de imágenes en las redes sociales, las investigaciones han demostrado que las imágenes de objetos animados, especialmente las fotos en las que la persona sonríe y te mira, pueden impulsar la conversación. Incluso si el servicio que prestas no es material, por ejemplo servicio jurídico o inmobiliario, puedes integrar algo de humanidad en tus anuncios/imágenes. Las imágenes pueden ser de tus clientes satisfechos, de ti mismo o incluso de imágenes de archivo.

Del mismo modo, los emoticonos y los emojis (emoticonos expresivos que se están convirtiendo rápidamente en un dialecto global) son buenos complementos para el texto y pueden añadir una capa de humor y expresión a tus publicaciones. Una tesis de Frontiersin reveló que incluir emojis en un post atraía un 33% más de engagement, mientras que otro estudio de Buddy Media demostró que las actualizaciones de estado con emoticonos atraían un 67% más de likes, un 23% más de shares y un 23% más de menciones.

También es significativo el hecho de que las principales plataformas de redes sociales (Instagram, Facebook y Twitter) tengan funciones emoji integradas en sus aplicaciones. Instagram reveló en 2015 que alrededor del 47% de los pies de foto y etiquetas en la plataforma contienen al menos un emoticono. Experimentar con los emojis es, sin duda, una táctica que merece la pena implementar en tus actualizaciones de estado.

Ahora que entiendes que es posible alcanzar tus objetivos en las plataformas de redes sociales, es fundamental evitar los clichés e invertir en una comunicación honesta, historias e imágenes que ganen la atención de la audiencia.
Como hemos mencionado antes, los usuarios, especialmente los millennials y la mayoría de los usuarios de las redes sociales, no se interesan por el vocabulario genérico del marketing y simplemente pasan de largo de esas publicaciones.

En lugar de tratar de engañar a los seguidores para que compren tu producto o servicio con jerga de marketing, muestra los valores y creencias fundamentales de tu marca. Esta estrategia específica te diferenciará del resto a largo plazo.

No promociones tu producto todo el tiempo: prioriza las relaciones y da valor a tus clientes

La mayoría de los usuarios de las redes sociales no desean navegar por Twitter, Pinterest o Facebook simplemente para encontrarse con ventas agresivas de las marcas. Los usuarios de las redes sociales utilizan estas aplicaciones principalmente para relacionarse con la familia, los amigos y para entretenerse. Si "siguen" o "les gusta" la página de una marca, suele ser porque algo les ha llamado la atención.

Fíjate en el número de empresas que sigues en las redes sociales: no son muchas, ¿verdad? Sólo los seguidores más devotos están interesados en ver todas las publicaciones de una empresa. No es realista esperar una masa de seguidores en la página de tu empresa sin una promoción pagada.

Por lo tanto, está en ti animar a tu audiencia a ver tu marca como una entidad que añade calidad a su vida cotidiana. Aparecer en el feed o el timeline de tus seguidores se gana, no es un derecho. Puedes acelerar este proceso cultivando relaciones honestas y sólidas, compartiendo contenido perspicaz, siendo simpático y entusiasmado con los problemas de atención al cliente, entre otros. No está de más impulsar la publicación promocional aleatoria, lo cual no debería importarle a tu audiencia, siempre y cuando los otros aspectos de tu plan de redes sociales estén impecables.

Por último, con una estrategia adecuada en las redes sociales, cambia tu mentalidad de "¿Cómo puedo conseguir el máximo de ventas?" a "¿Cómo podemos ayudarte?", ya que cuando se trata de "seguir" una página de empresa, la primera pregunta de tu público será "¿qué voy a ganar con esto?"

Con el aumento de la competencia y el tráfico orgánico (promoción no pagada) en su punto más bajo, tus actualizaciones de estado y publicaciones en el blog deben desencadenar a tus clientes en un nivel emocional y personal. Los desencadenantes más fuertes son el humor, el enfado, el asombro y, a veces, el narcisismo (contenido que hace que la persona se vea muy bien cuando lo comparte en su página privada).

Una vez que empieces, una forma inteligente de mantenerte enfocado es revisar intermitentemente tus últimas 15 publicaciones y responder a esta pregunta: "¿Aporta este contenido valor a mis clientes y a qué objetivo principal sirve mi marca?".

Si te resulta difícil responder a esta pregunta, ha llegado el momento de renovar tu estrategia para atraer a un público más amplio y mejor informado que nunca. Los clientes potenciales pueden ver más allá del contenido genérico o de los mensajes comerciales. Al igual que en el mundo real, la mayoría de los usuarios de las redes sociales pueden relacionarse con una marca de confianza, en lugar de con una empresa cuya única intención es conseguir que los clientes suelten dinero en cada oportunidad disponible.

Reafirmando el punto anterior, debes trabajar duro para convertirte en una parte habitual del feed de las redes sociales de tu audiencia, en lugar de destacar con publicaciones que no resuenan con el cliente. Todo el trabajo que realices para construir una imagen de marca positiva acabará traduciéndose en ventas a su debido tiempo.

Publica constantemente contenido de alta calidad que atraiga a tu público objetivo
Ya se ha mencionado que uno de los retos más difíciles para cualquier marca es crear contenido de calidad en las redes sociales. No importa el contenido que publiques o la regularidad con la que publiques las actualizaciones, no dejes de publicar. Basta con establecer un objetivo de dos o tres publicaciones al día.

Lo menos que puedes hacer es publicar contenido con un mínimo de 6 veces por semana para asegurarte de que tu marca aparecerá constantemente en el timeline o el feed de los seguidores entregados.

Si actualmente no puedes invertir tiempo en las plataformas de redes sociales, es esencial publicar de forma intermitente en lugar de no publicar nada. Puedes elegir un día cada dos semanas para actualizar todas tus plataformas con una nueva entrada de blog, enlaces a tu trabajo en LinkedIn o publicar un vídeo en YouTube.

Cuando puedas invertir más tiempo en las redes sociales, ya tendrás una base sólida desde la que lanzarte.

En esta fase, la coherencia - ¿te das cuenta de que esto se repite constantemente? - es vital para tus esfuerzos. Una de las principales razones por las que muchas marcas fracasan en su estrategia de redes sociales es la falta de coherencia. Tomemos como ejemplo Facebook, una plataforma de redes sociales que utilizan muchas empresas. A continuación se explica por qué la coherencia sigue siendo un factor vital en este ejemplo: Cuando un usuario se desplaza por su línea de tiempo, el número medio de publicaciones generadas en un solo feed es de unas 1.500.

El complicado algoritmo de Facebook ordena estas publicaciones en función de la probabilidad de que un usuario interactúe con el contenido: de la familia, los amigos, las páginas, los eventos, los grupos, etc. Además, la mitad de los usuarios registrados en Facebook no consulta el sitio web todos los días. La combinación de estos factores significa que la posibilidad de que tus publicaciones obtengan engagement se reduce significativamente, especialmente si no pagas por el contenido promocionado (lo que se discute en detalle más adelante).

Es casi inconcebible que tu audiencia vea la totalidad de tus publicaciones: el número típico de publicaciones que obtienen engagement es del 11%. Por lo tanto, las marcas deben esforzarse al máximo para obtener el mayor alcance orgánico de Facebook. Además, para confirmar que un elevado número de personas interactúa con el contenido que subes (en la plataforma original en la que se publicó o en una plataforma compartida), el contenido que utilices para dar a conocer tu negocio debe merecer la pena para los seguidores.

El contenido debe ser lo suficientemente inspirador, entretenido, valioso y útil como para que tu público objetivo comente, comparta, le guste o haga clic en él. Casi todo el mundo tiene su fuente de información preferida, como un sitio web favorito y plataformas de redes sociales específicas para diferentes noticias. Estas fuentes garantizan un contenido perspicaz que pueden compartir con sus amigos y familiares, por lo que tu objetivo debe ser entrar en esta lista.

No todas tus publicaciones tienen que ser virales. Está bien ofrecer contenido entretenido de forma relajada. Muchas veces, puedes descubrir que preguntas sencillas como "¿Qué quieres conseguir esta semana?" pueden generar un engagement masivo y hacer que tu audiencia busque más publicaciones después.

En definitiva, no te preocupes por mantener el tema de conversación ligero o profundo. Trabaja para crear un equilibrio entre los temas.
El quid de la cuestión es que cuanto mayor sea el engagement que atraiga a tu audiencia con tus publicaciones en las redes sociales (comentarios, menciones, etiquetas, comparticiones, me gusta), mayor será la probabilidad de que vuelvan a tu página, lo que aumentará la exposición de tu marca.
Cuanta más participación tengan tus publicaciones en plataformas como Instagram, Facebook y Twitter, más aparecerán en el feed de noticias de tus seguidores para futuras interacciones.

El algoritmo de la mayoría de las plataformas de redes sociales suele filtrar el contenido que aparece en el feed de una persona en función de cuánto ha interactuado previamente con el contenido relacionado.

Por lo tanto, si un seguidor no se encuentra con tus publicaciones debido a tu inconsistencia, o ignora tu contenido porque no es interesante, a su debido tiempo tus publicaciones dejarán de aparecer por completo en el timeline de ese seguidor. Será muy difícil volver a aparecer en su feed sin una promoción pagada.

Nota: Debido a la importante caída del alcance no remunerado en plataformas como Facebook y otras redes sociales, parece que la mejor solución para atraer la atención hacia tus publicaciones es compartir contenido de forma constante. Por otro lado, este enfoque puede ser contradictorio. La publicación excesiva de contenidos puede irritar incluso a tus seguidores más fieles.

Además, publicar contenido de forma intermitente elimina la presión de tener que idear temas cada día. Esto te da tiempo suficiente para investigar y publicar contenido atractivo y de calidad adaptado para atraer la máxima interacción posible.

Además, si utilizas las horas desperdiciadas en el contenido "excesivo" para crear contenido "principal" respaldado por la publicidad, el porcentaje de seguidores que ven tus publicaciones aumentará. Cualquier interacción que tengan con estos posts aumentará la probabilidad de que vean tus futuros posts en su feed sin una promoción pagada.

¿Qué tipo de contenido genera más engagement?
Una fuente habitual de debate entre los profesionales del marketing en redes sociales es si las imágenes, los vídeos, el texto o los enlaces son los mejores formatos de contenido para atraer a los seguidores y maximizar el alcance orgánico.

El hecho es que nadie puede decirlo con seguridad. Las plataformas de redes sociales modifican continuamente sus algoritmos, lo que significa que las marcas se ven obligadas a jugar un papel secundario.

En última instancia, la estrategia y el formato de los contenidos deben guiarse por lo que indiquen las estadísticas. En 2013, Facebook sugirió a las empresas que las publicaciones con imágenes generaban hasta un 120% más de interacción que el contenido de texto.

Sin embargo, ¿de qué sirven esas cifras de engagement si las publicaciones de texto de tu marca tienen un rendimiento cinco veces mayor que los contenidos con imágenes o vídeos? Es importante evitar la tentación de subirse a las últimas tendencias o consejos que te aseguran niveles increíbles de engagement. En lugar de ello, deberías utilizar estos consejos como plantilla, pero asegurándote de dar prioridad a la creación de contenido útil.

Probar y analizar. Prueba y analiza. Sigue haciendo esto mientras controlas continuamente tus métricas. Cuando identifiques lo que te funciona, podrás integrarlo en tu estrategia de redes sociales.

No te centres en ser viral: prioriza la fidelidad y las relaciones con los clientes

A estas alturas, puedes ver que el nivel de competencia entre las marcas, los líderes del sector y los algoritmos utilizados por las redes sociales se traduce en que no todos los seguidores se encontrarán con tus publicaciones en su línea de tiempo cuando las publiques en tu página.

El objetivo no es perseguir el número de seguidores, los "me gusta" o las visitas. Estas métricas por sí solas no cuentan la historia completa.

En lugar de eso, céntrate en ofrecer publicaciones de calidad que acumulen un fuerte número de seguidores que aprecien tu producto y demuestren ese amor a través de ventas, comentarios, acciones y otras formas de engagement.

La fidelidad de los clientes suele animar a otras personas a interactuar con tu marca y a comprar tu producto o servicio.

Cualquier marca que logre un 5% de alcance orgánico de todos sus seguidores sin pagar por anuncios está haciendo un trabajo maravilloso.

Cuando se trata de cultivar y mantener una relación sana con los clientes, asegúrate de que intentas interactuar con tus seguidores de forma puntual. Puedes fomentar una relación personal utilizando la mención "@nombredeusuario" para mantener altos niveles de engagement. Si un seguidor deja un comentario en una publicación o comparte una opinión públicamente sobre tu perfil, contesta tan rápido como puedas.

Cualquier oportunidad de continuar una cadena de conversación, responder a una pregunta o agradecer a un cliente su apoyo se pierde sin una respuesta por tu parte.

Este es uno de los principales defectos de muchas marcas con presencia en Internet. Si a menudo te ves inundado de menciones y no puedes responder personalmente a cada comentario de los seguidores, deja caer un rápido "me gusta" en el comentario. Es mejor que dejarlos colgados y demuestra que tomas nota de sus comentarios.

Ofrece un excelente servicio de atención al cliente: resuelve rápidamente las reclamaciones
Las redes sociales son diferentes de otros tipos de medios en cuanto a la atención al cliente. Las redes sociales dan acceso instantáneo a los clientes las 24 horas del día. Los clientes tienen el mismo acceso a tu marca, y esta capacidad se manifiesta plenamente en lo que puede denominarse una revolución del servicio al cliente.

Además de hacer que tu público se sienta valorado, atender los problemas de atención al cliente te permite hacerte una idea de la personalidad de tu público objetivo, de lo que les gusta de tu negocio y de las áreas en las que puedes mejorar. La naturaleza instantánea de un tuit o una publicación en Facebook hace que los clientes esperen una respuesta rápida a sus quejas como nunca antes.

Muchos gurús de las redes sociales te dirán que reduzcas tu tiempo de respuesta a menos de 30 minutos. Este límite de tiempo puede ser posible si contratas los servicios de un gestor de redes sociales, pero la mayoría de las empresas no pueden permitirse el lujo de operar de esta manera. Se recomienda resolver las quejas de los clientes en un tiempo mínimo. Sin embargo, responder a los clientes en menos de 24 horas es un gesto que será agradecido.
Además, en lugar de responder al azar a las quejas de los clientes, puedes designar horas específicas para responder.

Nota: Si un tiempo de respuesta rápido va a ser un gran reto para ti, puedes compilar todas las solicitudes y menciones de las redes sociales en un solo lugar. Por ejemplo, Hootsuite o SocialOomph (ambos servicios de pago) te permiten cotejar los comentarios, las menciones, las etiquetas y los mensajes privados de Facebook, Instagram y Twitter en una sola bandeja de entrada.

Como alternativa, RecurPost o Minday.com son herramientas gratuitas de gestión de redes sociales que realizan las mismas tareas. Estas aplicaciones gestionan todas tus menciones sociales en un solo espacio.

Recuerda que la mejor manera de evitar las quejas públicas de los clientes es impedir que se produzcan. Para ello, ofrece diferentes opciones de servicio de autoayuda y de contacto: correo electrónico, chat en vivo, preguntas frecuentes en línea, mensajes privados. Colócalas en páginas donde los clientes puedan encontrarlas fácilmente, como la biografía de tu perfil o la página "Acerca de".

Cuanto más fácil sea llegar a ti, más probable será que un cliente intente ponerse en contacto contigo por cualquier problema, en lugar de insultar a tu marca en línea. Además, demuestra tu voluntad de aceptar que surgirán problemas cuando publiques noticias poco halagüeñas sobre tus servicios en las plataformas sociales.

Como siempre, algunos miembros de la audiencia reaccionarán negativamente ante noticias poco positivas, pero se sentirán aún más ofendidos si ellos mismos identifican el problema. Si un seguidor o un cliente publica comentarios furiosos en tu página, hay tres consejos esenciales que puedes utilizar para afrontar la situación.

Estos son:

No evites el comentario: Cuanto más ignores la queja de un cliente, más se enfadará. Negarse a responder a un comentario negativo demuestra a tu público que no tienes intención de abordar los problemas de los clientes, y que crees que ignorando el problema se desvanecerá. Más bien, responde a estos comentarios lo más rápido posible, ya que los clientes agradecen una respuesta rápida.

Nunca elimines los comentarios negativos: Lo único que los clientes odian más que despreciar los comentarios negativos es que una empresa elimine las quejas de sus clientes. Cuando un cliente agraviado ve que su reseña o comentario negativo ha sido borrado de tu página, esto le hará enfadar más. Otros clientes (que pueden haber visto una captura de pantalla del comentario eliminado) lo tomarán como tu disposición general a los comentarios negativos.

Muestra empatía en tu respuesta: En las conversaciones cara a cara es fácil mostrar empatía y hacer saber al cliente que le estás escuchando activamente con tu lenguaje corporal. Es más difícil transmitir esa empatía a través de las redes sociales, ya que solo tienes tus palabras.

Afortunadamente, ciertas frases que transmiten empatía en la vida real también pueden utilizarse en las plataformas sociales. Frases como "Entiendo tu situación" o "Eso suena..." deben incorporarse a tus respuestas. Puedes hacer que tus mensajes sean más personales mencionando los nombres de pila de los clientes. Lee tus mensajes en voz alta para confirmar que suenan correctamente, y añade "gracias" a tus mensajes.

Criterios fundamentales de atención al cliente en las redes sociales

Si quieres ofrecer una excelente atención al cliente, es vital que entiendas lo que te viene bien y lo que puedes mejorar. A continuación se presentan tres métricas que pueden utilizarse para medir la ejecución de la atención al cliente en tus perfiles sociales.

Contacto con el cliente por plataforma

Calcula el número de solicitudes, quejas e informes de clientes a los que respondes en diferentes plataformas en un periodo determinado. Estas cifras concretas te darán una idea de la solidez de las solicitudes y del número de personal que necesitas para satisfacer las expectativas de los clientes. Una ventaja adicional es que puedes ver qué plataformas utilizan más los clientes para comunicar sus quejas y los días y horas específicos en los que recibes un gran volumen de solicitudes.

Tiempo de respuesta y periodo de resolución

¿Cuál es tu tiempo medio de respuesta a las quejas de los clientes en tus perfiles de las redes sociales? Durante un tiempo determinado, anota la hora en que se recibió una consulta y la hora en que se respondió al cliente. También puedes determinar el rendimiento de tu servicio de atención al cliente con el tiempo medio que se tarda en resolver los problemas. ¿Con qué rapidez resuelves una reclamación, desde el momento en que recibes el mensaje de un cliente hasta el momento en que proporcionas una solución concluyente?

Tasa de resolución

¿Cuál es el número de solicitudes de asistencia que recibe tu marca durante un periodo de tiempo y qué porcentaje de estas solicitudes se resuelven? Calcular esta cifra es una buena métrica para determinar la eficacia de tu servicio de atención al cliente. La rapidez de las respuestas no es siempre la métrica más importante. ¿Se resuelven las solicitudes realmente?

En última instancia, debes responder a tus usuarios en las redes sociales con cortesía y sentido de la profesionalidad, dentro de un plazo respetable que funcione bien para tu marca. Debes estar abierto a aceptar las críticas de los clientes (incluso si crees que están equivocados y recuerda que buscar refutaciones es una táctica errónea) y debes estar abierto a aceptar tus errores.

Los seres humanos son propensos a cometer errores, y los clientes entenderán y respetarán a tu marca por ser sincera sobre cualquier error en lugar de ignorar o borrar sus quejas. Para mejorar las relaciones, da una explicación detallada sobre cómo solucionar un problema, permite que tus seguidores dejen caer sus ideas acerca de cómo resolver una queja, y recuerda hacer un seguimiento un par de días después de solucionar el problema para asegurarte de que el cliente está satisfecho con la resolución. Es una forma excelente de establecer una relación social con tu cliente.

A veces hay que hacer un esfuerzo adicional para resolver el problema de un cliente, en público, a fin de ganarse la buena voluntad y el respeto. Dos estudiantes de la Universidad de St. Andrews se angustiaron al saber que sus palomitas favoritas no estaban disponibles en su mercado local. Las estudiantes, Isabelle y Tomi, decidieron enviar un poema de queja a Tesco Chiefs.

La empresa respondió con un soneto y una tarjeta regalo de 10 dólares. El intercambio se hizo viral y cientos de publicaciones aplaudieron el gesto de la empresa.

La automatización puede ser parte de tu solución

Con la cantidad de trabajo que supone cultivar y mantener un sólido plan de marketing en redes sociales en varias plataformas, la automatización te ayuda a ahorrar horas, a mantenerte flexible y a dibujar tu estrategia en redes sociales.

Las herramientas de automatización como SocialPilot (https://www.socialpilot.co/) o Hootsuite (https://hootsuite.com/) te ayudan a organizar varios perfiles de redes sociales desde el panel principal, donde puedes subir publicaciones, publicar contenido programado desde cualquier lugar y en cualquier momento, etc.

Además, las herramientas de automatización te permiten crear una estrategia duradera mediante la entrega de nuevas entradas de blog para una exposición continua, es decir, utilizando contenido replanteado en diferentes plataformas de redes sociales durante un período específico.

Esta estrategia dará a tus seguidores actuales la oportunidad de interactuar con tu increíble contenido y permitirá que los clientes potenciales lo vean si se lo perdieron inicialmente. Controla de cerca la frecuencia de tus publicaciones.

Es razonable tuitear el mismo enlace varias veces en un mismo día en una plataforma como Twitter (donde los feeds se mueven a un ritmo muy rápido), pero para plataformas de redes sociales como LinkedIn y Facebook, donde la velocidad de las publicaciones es más lenta, sería más inteligente dejar un par de horas entre las publicaciones.

Además, cuando se publica el mismo enlace varias veces, es conveniente reformular el texto anterior cada vez para que cada publicación sea única y atractiva.

A pesar de toda la ayuda que puedes obtener de las herramientas de automatización, recuerda que cultivar relaciones sólidas con interacciones sinceras debe ser el centro de tu estrategia. Definitivamente no debes automatizar las respuestas en tu página. Las respuestas automatizadas a las menciones en tus páginas de redes sociales son una idea terrible.

En lo que respecta a la automatización y la programación, he aquí una estrategia fuera de lo común que quizá no hayas utilizado antes: Programa las publicaciones para que se suban unos minutos antes o después de la hora, como forma de llegar a los seguidores que se conectan durante las pausas del almuerzo, las reuniones de trabajo o al final de la jornada laboral.

Dedica tiempo a obtener grandes resultados
En 2020, las redes sociales se han convertido en una sólida herramienta de marketing que debe tomarse muy en serio. Si eliges a uno de tus empleados actuales para que empiece a ocuparse de los perfiles de la marca en las redes sociales, no esperes que ese empleado impulse de repente tu crecimiento online.

Si quieres meterte de lleno en el marketing de las redes sociales, tendrás que invertir al menos entre 10 y 15 horas cada semana para crear, planificar, programar las publicaciones, calcular los resultados e interactuar con los clientes.

Se recomienda contratar a un gestor de redes sociales a tiempo completo. También puedes contratar a una agencia local de marketing en redes sociales para iniciar el proceso. Sin embargo, asegúrate de que el equipo que contrates sea una empresa que entienda tus metas, los objetivos de la marca y que hable el idioma de tu audiencia.

Crea una política de redes sociales: utiliza a los empleados como embajadores de la marca

Una política explícita de redes sociales que se aplique a todos los empleados pondrá de relieve los objetivos de la empresa en lo que respecta a las menciones en las redes, y promoverá la potenciación positiva de la empresa para que tu marca tenga una actividad social más amplia.

Para crear la política que necesitas, pide consejo a influencers conocidos en tu sector. Fomenta las reseñas de tu personal y dicta directrices específicas sobre el uso de las redes sociales durante o después del horario laboral.

La política debe ser breve -por lo general, menos de dos páginas- y debe resumir los puntos más esenciales. Una política de redes sociales breve animará a los empleados a leerla, te protegerá de futuros problemas y mostrará cómo el uso responsable de las plataformas sociales puede beneficiar a la empresa como entidad.

Los empleados deben sentirse cómodos con los protocolos a compartir en las redes sociales para ser excelentes embajadores de la marca, haciendo que las publicaciones relacionadas con la empresa sean fáciles de escribir.

Por ejemplo, crea un hashtag que celebre la cultura de trabajo de tu marca y anima a tu personal a tomar fotos y publicarlas con dicho hashtag. El empleado que trabaje en la gestión de las redes sociales debe saberlo todo sobre la política.

El marketing en las redes sociales requiere inversión: Prueba la promoción de pago

Hace años, el marketing en redes sociales se consideraba la fiebre del oro digital de esta generación, y las plataformas de redes sociales se utilizaban para comunicarse con los clientes y promocionar productos de forma gratuita.

Sin embargo, hoy en día, con el aumento de la competencia, los algoritmos que favorecen las publicaciones pagadas sobre el contenido orgánico y una audiencia que se mueve con rapidez, pagar por los anuncios dirigidos es fundamental para llegar a un mayor número de clientes potenciales.

Esto no significa que no puedas conseguir buenos resultados sin invertir dinero, pero es más difícil, e incluso una pequeña cantidad - por ejemplo, 15 dólares a la semana para publicaciones pagadas en Facebook- puede provocar una mejora notable en tu estrategia de marketing en redes sociales.

El secreto de muchas campañas exitosas en las redes sociales es el contenido promocionado que resulta familiar para el cliente y acentúa su experiencia en la plataforma en la que aparece, similar a la voz o el tono de tus clientes. Al igual que con las publicaciones no pagadas, el objetivo es que sean fluidas y no disruptivas.

Prueba con el análisis del retorno de la inversión
El ROI (Retorno de la Inversión) de las redes sociales es diferente al del marketing tradicional. Debido a diferentes razones, se recomienda no centrarse totalmente en el rendimiento monetario durante un periodo determinado. Hay que dar prioridad a métricas como el tráfico del sitio web, la promoción offline, el conocimiento de la marca, la consolidación de la fidelidad de los clientes y la comunicación con los clientes actuales.
Estas métricas serán muy valiosas a medida que se avanza y, en última instancia, conducirán a las ventas durante un período prolongado, en lugar de una gratificación instantánea que se agota rápidamente.

Calcula el rendimiento de la marca con un software de análisis

La capacidad de calcular el crecimiento de tu estrategia de redes sociales es fundamental para el éxito de tu plan de marketing. Una de las formas más económicas de conseguirlo es con Google Analytics. Esta herramienta tiene dos de las características más importantes que los profesionales del marketing en redes sociales adoran.

Haz clic en la página "Sociales" del sitio para comprobarlo:

- **Referencias de la red:** Proporciona datos sobre la cantidad de tráfico del sitio web que son referencias de tus páginas de redes sociales.

- **Páginas de aterrizaje:** Esta función muestra las páginas web que más se comparten en las plataformas de redes sociales.

Además, Google Analytics puede crear y supervisar objetivos como las ventas finalizadas, el engagement y las solicitudes. Puede establecer objetivos sencillos como el de la URL de destino. Este objetivo se marcará como completo cuando un visitante revise una página específica de tu sitio web, por ejemplo, la página de "Su pedido se ha completado".

Otros programas de análisis que son eficaces para medir el crecimiento de tus redes sociales son:

- Herramientas nativas como Pinterest Analytics, Facebook Insights y Twitter Analytics;
- Social Searcher para rastrear comentarios y etiquetas con el nombre de tu marca y de la competencia
- WebFX para calcular el porcentaje de clics de los enlaces

Básicamente, utiliza el software de análisis de redes sociales para crear objetivos de marca, supervisar dónde funciona mejor tu estrategia de marketing e identificar cómo encuentran tus clientes tu marca para que puedas adaptar tu esfuerzo en la dirección correcta.

Es poco realista pensar que vas a sacar el máximo provecho de tu plan de redes sociales a la primera prueba, así que calcula tu progreso de forma intermitente y no te abstengas de experimentar con nuevos conceptos, abandonar viejas tácticas o repetir las tácticas que te funcionan.

En resumen, utiliza las herramientas de análisis para establecer objetivos, ver dónde está funcionando mejor tu estrategia de redes sociales e implementarlos según sea necesario.

La paciencia es muy importante en el marketing de las redes sociales

Es inverosímil esperar un éxito de la noche a la mañana en tus perfiles de las redes sociales. Al igual que en el mundo real, la relación entre tu marca y tus clientes tardará un poco en florecer, y algunos miembros de tu público objetivo tardarán más en gustarle tu marca y convertirse en clientes de pago.

En algunos casos, los criterios que no tienen éxito de forma inmediata -la fidelidad de los clientes, el aumento del conocimiento de la marca y un excelente servicio al cliente- son los que más repercuten en las conversiones a largo plazo.

Hay muchos ejemplos de empresas que invirtieron en marketing en las plataformas sociales en auge, sólo para desvanecerse porque no atrajeron a 10.000 seguidores de Twitter ni aumentaron las compras después de las dos primeras semanas de publicar contenidos -perdón por la exageración, pero se entiende. Si no puedes invertir en marketing en redes sociales durante meses o años, es muy probable que fracases en ello.

Asegúrate de ignorar los anuncios de "Consigue seguidores rápidamente". Aunque a menudo son tentadores, los servicios que afirman ayudarte a ganar cientos de clientes y seguidores en un tiempo mínimo en su mayoría ofrecen bots. Estas estafas no se preocupan por tu negocio.

100 seguidores interactivos y leales valen más que 5000 cuentas falsas. El verdadero "secreto" para construir una base de seguidores en las redes sociales es mantener constantemente tus esfuerzos de marketing.

Por último, disfruta del proceso: Cultiva relaciones honestas y sólidas.

Cuanto más se identifique un cliente con tu empresa en las redes sociales, más probable será que te tenga presente y promueva tu marca entre sus amigos, familiares y comunidad online. En este capítulo se ha mencionado varias veces que la clave del éxito es ser coherente, accesible y original con tus publicaciones e interacciones si deseas establecer una comunicación significativa con los clientes. Esta estrategia concreta creará inevitablemente fidelidad a la marca, compras y embajadores offline de por vida.

Capítulo 6: Cómo crear contenido de alta calidad

En el capítulo anterior se habló del punto de partida del marketing en redes sociales, y ahora es el momento de empezar con los fundamentos de la promoción en las redes sociales. Este capítulo se centrará en una serie de tácticas de publicación de contenido para impulsar tu enfoque de los medios de comunicación en línea. Estos planes de contenido están diseñados para adaptarse a todas las plataformas de redes sociales mencionadas en este capítulo. Sin embargo, en los capítulos de cada plataforma social se discuten consejos de marketing específicos que funcionan mejor para esa plataforma en particular.

A continuación se analizan estas conocidas estrategias de marketing en redes sociales.

Inicia debates y fomenta preguntas.
Permite que tus seguidores se relacionen contigo y viceversa creando foros de debate y haciéndoles preguntas. Las preguntas pueden estar basadas en tu producto, en un evento relacionado con la empresa, en breves cuestionarios o en un tema más amplio.
A menudo, el tipo de preguntas que atraen un mayor engagement son las simples que indican:

- Una preferencia ("¿Qué producto es mejor: A o B?")

- Sí/No ("¿Te gusta la música de Drake?")

- Basado en la opinión ("¿Qué te parece el iPhone 12?");

- O una que desencadene las adivinanzas ("Este mes lanzamos nuestra segunda tienda, ¿adivinas la ubicación?").

El simple hecho de añadir preguntas breves al final de una actualización de estado, como "¿Qué opinas?" o "¿Estás de acuerdo?", puede desencadenar la participación de la audiencia.
Sin embargo, hay otra plataforma para los comentarios que requieren respuestas serias, especialmente en foros generales; pronto identificarás lo que más desencadena a tus clientes.

La atención de la audiencia y los comentarios de los clientes se pueden captar con preguntas sencillas, siempre que el post sea atractivo para los lectores.

Los estudios demuestran que hacer preguntas al final de una actualización de estado, en lugar de en el medio, puede mejorar la participación en un 15%. Al igual que los formatos que hemos mencionado anteriormente, las publicaciones de "rellenar los espacios en blanco" también pueden cultivar el engagement.

Estas estrategias tienen éxito porque requieren un mínimo de escritura por parte de la audiencia. Un ejemplo es: "Si tuvieras que elegir cualquier país en 2021 para unas vacaciones, sería ________".

Vende la historia de tu marca y promueve las historias de tus clientes.

Toda empresa tiene una historia que vender a través de palabras o, preferiblemente, a través de contenido visual. Los seres humanos están diseñados para opinar sobre las historias desencadenantes. Utiliza las redes sociales como una plataforma en la que la audiencia pueda identificarse con tu marca personalmente, en lugar de convertirla en un mero lugar donde ver los productos y servicios que ofreces. Utilízala como una plataforma para mostrar tu voz, tu originalidad y tu personalidad.

Hay muchos temas atractivos y provocativos para discutir, como qué te motiva, por qué fundaste tu negocio, los desafíos y las lecciones que has aprendido, los temas sociales que te apasionan y los mentores que te influyen. La cuestión es presentar a tus clientes tu patrón de pensamiento y tus valores y convertirte en una empresa con la que se comprometan emocionalmente, asegurando la fidelidad a la marca y, posteriormente, las ventas.

Aparte de tus historias, los seguidores o la audiencia tendrán grandes historias acerca de tu producto o servicio. Estas historias suelen ser mejor contenido que cualquier otra cosa que se te ocurra.

Por lo tanto, debes motivar a los clientes a compartir vídeos, textos y fotos que muestren cómo tu servicio se adapta a su rutina diaria. Puedes incorporarlos a tu plan de contenidos. Esto se conoce ampliamente como "contenido generado por el usuario".

Añadir contenido generado por los usuarios a tu estrategia de redes sociales hará felices a los clientes y los motivará a compartir noticias sobre tu negocio, inspirará una comunidad más sana y servirá como evidencia en las plataformas sociales sobre cómo tu negocio afecta positivamente a los clientes.

Investiga las preguntas a las que respondes, comparte tus conocimientos y demuestra tu valor

Una forma eficaz de convencer a los seguidores de las redes sociales para que conecten con tu marca emocional y socialmente es promocionarla como conocedora. Una entidad en la que se confía y se respeta puede ser considerada como información creíble y experiencias emocionantes.

Una forma excelente de conseguirlo es identificar los problemas del mercado que tu empresa puede resolver y mostrar tu experiencia. Sin embargo, esto no significa que debas aprovechar cada oportunidad para presumir de resolver el "Problema Z". Más bien, debes servir como una fuente de conocimiento en tu nicho.

Por ejemplo, supongamos que tu marca vende almohadas mullidas. En ese caso, podrías publicar contenidos que expliquen cómo el producto ayuda al patrón de sueño del cliente, compartir estudios de casos y datos sobre el dolor de cuello, cómo ayudan las almohadas mullidas, el origen del dolor, etc. Además, podrías incluir consejos e información que expliquen cómo mantener la suavidad y la longevidad de una almohada mullida.

También puedes aumentar la notoriedad de tu marca publicando contenidos fiables en posts individuales o como enlaces a un artículo.

Utiliza los artículos de actualidad, las fechas populares y los conceptos virales para crear tu contenido

Si puedes utilizar las tendencias en tus actualizaciones de redes sociales (no sólo para obtener visitas y engagement, sino para añadir un punto de vista único al tema), puedes aportar relevancia y respeto a tus publicaciones, lo que atraerá a los seguidores.

Demuestra a los seguidores que eres una marca que se mantiene al día con los acontecimientos actuales dentro de tu nicho (y si es en Facebook, el algoritmo del sitio empuja las historias virales a su News Feed, lo que atraerá más engagement).

Puedes utilizar herramientas como Awario (https://awario.com/) y Talkwalker Alerts (https://www.talkwalker.com/alerts) para recibir notificaciones de las historias más recientes a medida que se desarrollan, o plataformas como ContentStudio (https://contentstudio.io/) para rastrear tuits y eventos virales en cualquier industria. Empresas como Doritos emplean esta táctica con regularidad.

Durante la Superbowl de 2020, los fans esperaban con impaciencia ver bailar a Billy Ray Cyrus durante su actuación en directo del éxito viral "Old Town Road" con Lil Nas X. Doritos fue capaz de conseguir el mayor engagement en Twitter en la noche de la Superbowl con un simple tuit que decía "Un millón de RTs y @BillRayCyrus baila". Aunque no consiguieron un millón de retweets, más de 100 mil personas interactuaron con el tuit. Además, durante la Superbowl de 2014, la popular cadena de grandes almacenes J.C Penney decidió tuitear todo lo que ocurría en el espectáculo con errores tipográficos intencionados (extraña estrategia).

Doritos aprovechó la oportunidad para responder al tuit diciéndole a la página de Twitter de JC Penny "Calma @jcpenney, toma unos #Doritos". Este simple tuit atrajo más de 5.000 interacciones.
La mayoría de los contenidos virales en estas plataformas pueden estar relacionados con celebraciones que tienen lugar una vez al año. Fiestas como Semana Santa, Acción de Gracias, Navidad, Halloween o eventos anuales como los Grammys, los Óscar y WWE WrestleMania son ocasiones fantásticas que pueden inspirar ideas de contenido como:

- Enviar a tus seguidores una felicitación navideña
- Compartir concursos de preguntas y respuestas
- Hacer preguntas de temática navideña como por ejemplo "¿Cómo se llaman los elfos de Papá Noel?"
- Proporcionar información sobre cómo tu servicio puede ser de ayuda durante una época específica del año

Además, hay otros eventos de nicho con los que tus seguidores pueden relacionarse y pueden mostrar la relevancia de tu marca, como la fecha de estreno de una película de gran éxito, el Día de conocer a tus clientes, el Día de la Guerra de las Galaxias o el Mes del Orgullo. Marca todos los días relevantes en tu calendario, y programa contenidos para celebrar estos días con tus clientes.

Cuando pongas en práctica las estrategias mencionadas anteriormente, hazlo de forma adecuada y con tacto. Evita la apropiación cultural o la apropiación de eventos de la cultura pop sin motivo (especialmente si no consigues conectar tu marca con la celebración) y, sobre todo, asegúrate de no parecer oportunista en tu enfoque.

Coca-Cola aprendió mal esta lección (con vídeos virales de clientes ucranianos y rusos enfadados vertiendo la bebida en el retrete) cuando subió un póster de las vacaciones de Rusia que no incluía Crimea, una zona que lleva mucho tiempo causando conflictos entre Ucrania y Rusia.

Equilibra el contenido valioso y los posts de promoción (utiliza la regla 80 / 20)

La mayoría de las empresas son totalmente profesionales o muy poco profesionales en cuanto a su presencia en las redes sociales. Sin embargo, es tu responsabilidad encontrar lo que te funciona mejor y tu grupo demográfico objetivo. Aunque la mayor parte de tu contenido de marketing online no debería ser demasiado promocional, en última instancia tu objetivo es vender tu producto y tus servicios, y tus clientes lo entienden.

Si la relación de tu marca con los clientes es excelente y éstos consideran que tus publicaciones son valiosas, tu audiencia entenderá las publicaciones ocasionales que les animen a probar un nuevo producto/servicio o una oferta de descuento que acabas de lanzar. A veces, incluso les puede gustar el aviso. Puedes equilibrar fácilmente tu producción en las redes sociales de forma que resulte fácil para el cliente, con tácticas como la **regla del 80/20.**

La regla del 80/20 establece que las marcas deben esforzarse por publicar contenido valioso adaptado a la audiencia con el único objetivo de atraer la interacción el 80% del tiempo. El 20% restante debe reservarse para contenido promocional. Además, incluso durante la publicación del contenido promocional, es necesario probar una variedad de enfoques que fluctúen entre lo agresivo y lo sutil, dependiendo de la acogida de tu audiencia.

Nota: Cuando se trata de ofertas y ventas, un enfoque sólido para retener la atención de tus clientes es ofrecer promociones específicas abiertas a un pequeño grupo de tus seguidores que han sido muy leales a tu marca. Por ejemplo, puedes ofrecer un 10% de descuento a los clientes que citen un código promocional que publiques en tu muro de Facebook o puedes ofrecer también la entrega gratuita a los 10 primeros seguidores que retuiteen un tuit específico.

Otra táctica consiste en ofrecer a los seguidores un acceso exclusivo a una línea de productos y servicios mediante actualizaciones de estado. Los clientes se sentirán emocionados por formar parte de un grupo exclusivo. Estos mensajes de invitación pueden enviarse directamente en las redes sociales o a través de un enlace que dirija a los clientes a tu sitio web. En este caso, tendrás más flexibilidad para vender tu marca y tus productos, recopilar información de contacto, datos de los visitantes y compartir cupones con los clientes afortunados.

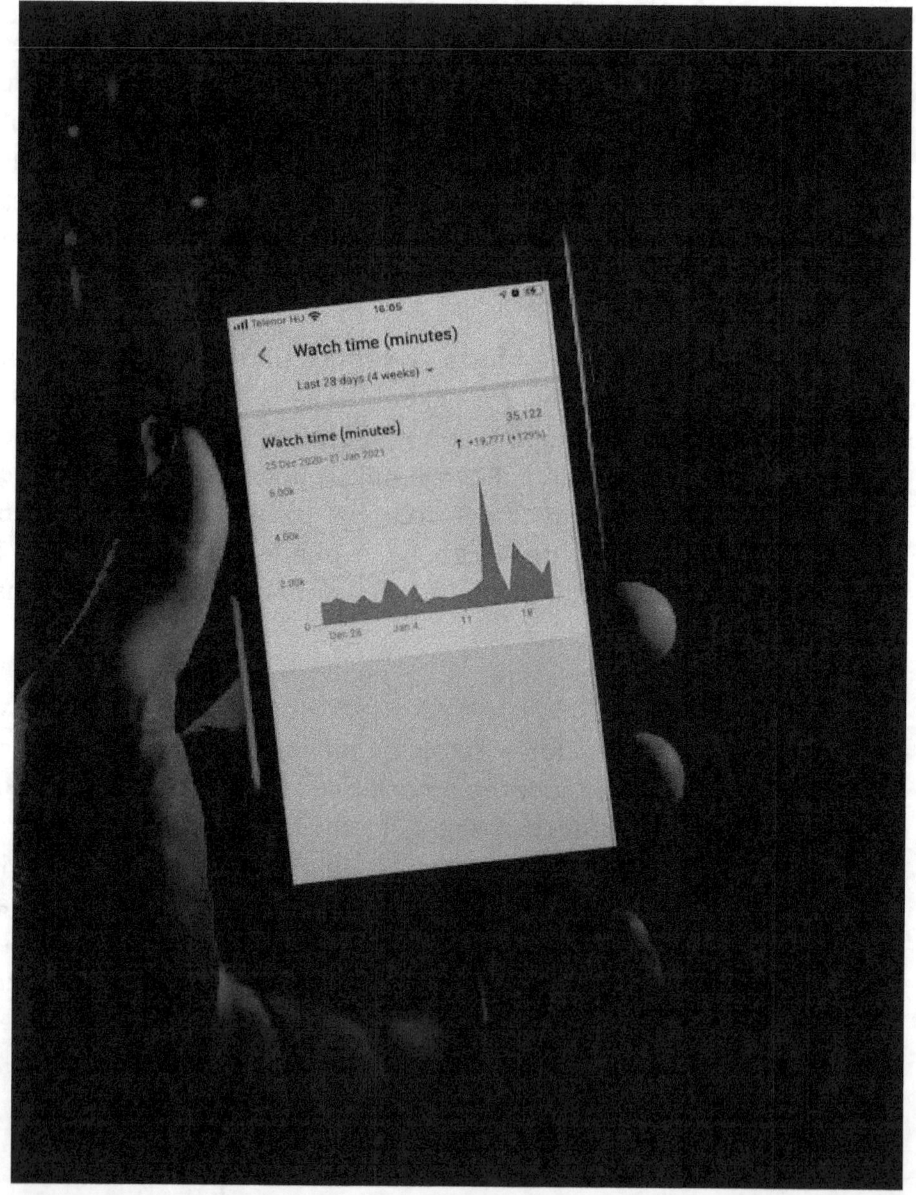

Telenor HU
16:05
Watch time (minutes)
Last 28 days (4 weeks)
35,122
Watch time (minutes)
25 Dec 2020 – 21 Jan 2021
+19,777 (+129%)
6.00k
4.00k
2.00k
0
Dec 28
Jan 4
11
18

Capítulo 7: Cómo crear contenido visual que genere engagement

Dado que la mayoría de los contenidos que suben los usuarios a las redes sociales son imágenes, es sensato integrarlas en gran medida en tu estrategia de contenidos. Además, para los negocios, la creación de publicaciones visuales de calidad tiene grandes ventajas. Los estudios demuestran que las imágenes en las redes sociales tienen más probabilidades de conectarse con emociones positivas en comparación con las publicaciones de texto, y las marcas que promocionan su negocio con imágenes reciben más aprobaciones que con texto. Si lo haces bien, las publicaciones promocionales con imágenes deberían encajar perfectamente en el timeline de tu audiencia. Recuerda que no quieres que tu publicación interrumpa el equilibrio de su línea de tiempo.

Las herramientas de diseño en línea (muchas de las cuales se mencionan en este libro) tienen la capacidad de crear contenidos visuales interesantes en cuestión de minutos. Se hacen tan rápido que probablemente puedas crear docenas de estas imágenes en un día. Sin embargo, ten cuidado de no caer en el hábito de crear imágenes llamativas sin motivo o en contra de tu mensaje principal. Cuando identifiques qué tipo de publicaciones te funcionan mejor, reprodúcelas y ve a lo grande. Recuerda que un buen texto que describa tu punto de venta único, incite a los seguidores a participar y cree un espacio de comunicación entre tu audiencia y tú (con una imagen de acompañamiento, por sí mismo o en respuesta a las menciones) es esencial.

Asegúrate de que tu plan de marketing en las redes sociales sirva de guía para saber cómo y cuándo se publicarán las imágenes y que éstas promuevan tu marca al tiempo que avalan el nivel de tus servicios.

Cómo buscar imágenes para utilizarlas en las redes sociales
Tomar tus propias fotos o crear imágenes originales sigue siendo la mejor manera de construir contenido visual para las plataformas sociales. Sin embargo, el tiempo y las finanzas pueden hacer que esto sea imposible para muchas marcas. Por suerte, se pueden utilizar muchas herramientas online para crear y editar imágenes, por un precio barato -algunas son incluso gratuitas-.

Cuando se trata de fotos y otro material gráfico, se recomienda utilizar estas fuentes:

- Las fuentes gratuitas de imágenes son: Pixabay, Unsplash y PikWizard

- Otra fuente que ofrece imágenes a bajo precio es Shutterstock

- Las herramientas más recomendadas para los diseños son: Vectr y Pexels

Es importante saber elegir buenas imágenes de archivo. Intenta evitar las imágenes cliché y opta más bien por tomas íntimas y emotivas. Independientemente de si una imagen es gratuita o requiere un pago, comprueba las condiciones de uso. ¿Puede utilizarse la imagen con fines publicitarios? ¿Necesita acreditación?
Nota: Cada plataforma de redes sociales tiene una configuración preferida para las imágenes, pero el protocolo estándar para el contenido visual en la mayoría de las redes sociales es "cuanto más grande, mejor". Normalmente, las plataformas sociales ajustan automáticamente las imágenes al tamaño aceptable: Tus imágenes no perderán la calidad original al ser redimensionadas, pero puede que pierdan calidad si la imagen se amplía.
Para simplificar las cosas, utiliza las medidas destacadas a continuación para tu contenido visual:
- 1280 x 720 para el paisaje
- 736 x 1102 para retratos

- 900 x 900 para los cuadrados

Además, se recomienda adaptar cada imagen a los requisitos de SEO. Al nombrar una imagen, añade palabras clave, pero sepáralas con un guión o un guión bajo. Incluye etiquetas alt (que describan lo que hay en la imagen) en caso de que la imagen no se cargue por cualquier motivo o para ayudar a las personas con problemas de visión.

Incluye una marca de agua en tus imágenes
Uno de los pilares esenciales de tu branding es la coherencia. Si quieres que tus seguidores identifiquen instintivamente tus publicaciones visuales cuando las vean en las redes sociales, asegúrate de que puedan reconocer la marca. Puedes incorporar tu marca a tu contenido de múltiples maneras, como por ejemplo añadiendo un logotipo (crea una plantilla para el tamaño y la estructura de tu contenido), un nombre de usuario, un enlace al sitio web e implementando un filtro de fotos estándar, una paleta de colores y fuentes que se adapten a tu estilo de marca.

Los filtros, la paleta de colores y las fuentes que utilices influirán enormemente en la valoración que tu público objetivo haga de tu marca. Así que tómate tu tiempo para crear una plantilla de contenido visual, y asegúrate de que tu contenido muestra el tipo de emoción que quieres transmitir en cada post, por ejemplo, tus posts pueden ser nostálgicos, divertidos, brillantes o introspectivos.

Si quieres ser más eficiente con el branding de tu contenido y promover una sensación de familiaridad, puedes probar una plantilla para ciertos tipos de material visual, como promociones de productos, logros de la marca y contenido informativo.

Los estudios de marketing demuestran que una persona promedio necesita hasta siete impresiones antes de reconocer tu trabajo, por lo que centrarse en los elementos clave de la marca, como los colores, el logotipo y la estructura, es extremadamente importante para un buen branding. Si el contenido visual de tus actualizaciones en las redes sociales tiene un aspecto común, los usuarios identificarán inconscientemente tu contenido con tu marca.

Nota: Por lo general, se recomienda intentar un enfoque astuto para tu branding. La imagen es la prioridad. A veces no es necesario añadir ningún filtro o texto. Esto se aplica concretamente a los contenidos que conmemoran ocasiones con importancia histórica y emocional, como por ejemplo el Día de MLK, el Día del Padre, el Día de los Veteranos, etc., en los que prescindir del branding puede funcionar por dos razones principales: El branding de una imagen puede mostrar una falta de respeto, y la audiencia puede estar más inclinada a reenviar imágenes originales de calidad sin logotipos al ser más personales - Contenido "sin marca". Este tipo de contenido se ve más desinteresado, y se trata más de la audiencia que de tu marca.

Aunque se puede afirmar que hay una gran posibilidad de que te roben el contenido visual o lo atribuyan a otra persona, si la imagen en cuestión se comparte más veces en la plataforma en la que la publicaste por la ausencia de branding, se puede obtener cierta exposición, ya que el contenido llega a un público más amplio en forma de enlace a tu página de Facebook.

Crea imágenes impactantes y fáciles de entender
Las imágenes que debes utilizar en las redes sociales deben ser llamativas, inspirar curiosidad, transmitir un mensaje interesante, suscitar emociones internas y entretener al público. No importa si la imagen muestra una experiencia única de tu marca o no, lo que importa es que la imagen suscite emociones, las cuales deseas que la audiencia asocie a tu marca. Un interesante estudio de Buffer descubrió que las imágenes fácilmente explicables funcionan mejor que las que necesitan una descripción explícita. Si tu contenido visual requiere un pie de foto antes de que la audiencia pueda entenderlo, no es tan efectivo como debería.

Regala ofertas de descuento y entradas a eventos exclusivos

A todo el mundo le gustan las cosas gratis. Puedes utilizar imágenes para promocionar ofertas especiales de tu marca en un formato interesante. Ya sea un evento puntual, una promoción de un año o un mes en el que cada fin de semana se ofrezca un nuevo descuento (otra forma inteligente de atraer engagement en tus redes sociales). Maximiza el impacto de una imagen mediante un texto breve con un enlace a la oferta (o a una página con información adicional). Añade un límite de tiempo para crear una sensación de urgencia, incluyendo una CTA (llamada a la acción) que atraiga los clics.

En los próximos eventos que vayas a regalar productos con descuento, sube publicaciones hablando de ello con regularidad en tus redes sociales y asegúrate de destacar la diferencia de tu marca con respecto a otras del sector. En las secciones pertinentes, incluye en tus imágenes palabras como "limited slot only" y "new" para mostrar tu marca como revolucionaria y captar el interés de tu público.

Nota: Puedes impulsar aún más el engagement diseñando una imagen que informe a tus clientes de que recibirán un acceso exclusivo a un código de descuento, ofertas especiales, etc. Establece un objetivo alcanzable en función de tus clientes actuales y del alcance previsto, ya que el objetivo es recompensar realmente a los clientes que desean tus productos y servicios.

Publica imágenes de clientes y su experiencia con tu producto/servicio

La prueba social definitiva para cualquier marca de calidad es que los clientes muestren a otras personas lo mucho que les gustó usar tu producto o servicio. Promover el amor que los clientes sienten por tu marca en una imagen es una forma sólida de convertir a los visitantes en clientes. Los nuevos clientes asociarán tu marca a las vibraciones positivas. Es aún mejor si la imagen que utilizas ha sido enviada por un cliente real.

Anima a tu público a compartir su experiencia con tu producto en tiempo real. Pueden hacerlo en cabinas fotográficas instaladas en el recinto de la empresa. Estas cabinas pueden tener un fondo llamativo para potenciar la estética. También pueden hacer las fotos en la comodidad de su casa, motivados por frases como "Etiquétanos en tus fotos para mostrarnos cómo te va con tu nueva almohada mullida".

Recuerda constantemente a tus seguidores que etiqueten tu marca en las fotos y en sus actualizaciones de estado mencionando tu negocio. De este modo, recibirás una notificación de sus publicaciones y podrás compartir la imagen en tu perfil. Esto hará que el cliente se sienta especial, y puedes estar seguro de que mostrará tu tuit o publicación a sus amigos y familiares. Un hashtag es una buena forma de unificar estas publicaciones, de modo que puedas supervisarlas en diferentes plataformas para conseguir más imágenes generadas por los usuarios y, tal vez, incluso incluir un enlace al servicio que prestas, si tu público no lo encuentra molesto. Para persuadir aún más a tus clientes, prueba a experimentar con un breve vídeo de clientes que pueda aparecer como texto superpuesto en la imagen del usuario satisfecho, para promover sentimientos positivos respecto a tu negocio y convertir a los clientes potenciales en compradores.

Nota: Otra estrategia rápida para acompañar una campaña en las redes sociales es poner fotos de tus clientes en la página del producto como prueba social para los visitantes. También puedes añadir instrucciones sobre cómo etiquetar tus diferentes perfiles de redes sociales e instalar un plugin que cargue las imágenes automáticamente en el sitio web.

Utiliza infografías para promocionar las características de los productos

Los clientes que buscan y compran artículos en línea no tienen el lujo de comprobar el producto o servicio en detalle como lo harían físicamente. De ahí que no se pueda exagerar la importancia de utilizar imágenes de calidad que incluyan los detalles pertinentes (o enlaces de referencia al vendedor original) para tu estrategia en las redes sociales. Utiliza anotaciones para destacar características que pueden no ser tan obvias, como la cláusula de garantía, las opciones de envío gratuito y un tipo de tecnología especial para tu servicio.

Si el tamaño es una parte importante del marketing de un producto concreto, intenta compararlo con el de la competencia o con el de un artículo doméstico habitual para que los posibles clientes puedan apreciar la diferencia de tamaño y lo práctico que resulta.

Las infografías funcionan muy bien a la hora de mostrar información vital y métricas relacionadas con tu negocio de una manera llamativa y compartible. Suelen estar basadas en la temporada actual. Si no eres experto en diseño gráfico, puedes utilizar sitios como Venngage e Infogram para diseñar buenas infografías con plantillas establecidas.

Aunque las infografías funcionan bien en Pinterest y Twitter, evita usar una infografía completa en plataformas que no pueden acomodarla, como Instagram y Facebook, porque estas plataformas encogerán el texto y harán que sea imposible de ver.

En su lugar, elige una parte cuadrada de la imagen (como la sección superior donde está el titular más interesante), cópiala y utiliza esta sección junto con el enlace y una CTA (llamada a la acción) para convencer a la gente de que haga clic en ella para ver la infografía completa.

Céntrate en citas que sean inspiradoras, motivadoras y que promuevan las aspiraciones

Los principales tipos de publicaciones que más atraen la atención en las redes sociales son las citas de motivación, de aspiración o de inspiración. Las publicaciones de este tipo provocan una respuesta emocional de los espectadores, son muy compartibles y deben adaptarse al patrón de pensamiento de tu audiencia. Las imágenes que desencadenan nostalgia, combinadas con una simple superposición de texto, provocan reacciones, ya que tocan la fibra sensible del cliente transportándole a su infancia.

Puedes utilizar fotos históricas del barrio de tu público objetivo o fotos antiguas que recuerden el patrimonio de tu negocio. Como de costumbre, una imagen divertida siempre funciona, ya que levanta el ánimo y puede ser compartida por todos.

A continuación, encontrarás algunas pautas extensas que puedes utilizar a la hora de crear un ejemplo sólido para diferentes tipos de imágenes. Con un poco de coherencia, tu público irá relacionando estas emociones con tu negocio:

Imágenes motivadoras: Utiliza elementos que promuevan la positividad y el buen rollo. Utiliza fuentes san-serif en negrita que llamen la atención y muestren autoridad (en mayúsculas para dar énfasis). Maximiza el impacto de tu texto con filtros brillantes y claros. El mejor tipo de texto inspirador se encuentra en los estudios de casos, las reseñas y los relatos de la historia de tu marca.

Imágenes aspiracionales: Cuando se oye el término "imágenes aspiracionales", no se refiere estrictamente a los miembros de tu audiencia que aspiran a un mejor nivel de vida, finanzas o posesiones materiales. La aspiración puede describirse como querer lograr algo. Se refiere al deseo de lograr más en cualquier aspecto. Puede ser convertirse en un mejor cocinero, mejorar en la codificación, o mejorar tu puntuación en Fortnite.

Debajo de estas aspiraciones aparentemente superficiales hay una motivación profunda: pertenecer a una comunidad, mejorar la calidad de vida, encontrar un trabajo, etc.

Las aspiraciones definen la identidad de las personas.

De ahí que el contenido aspiracional llegue a lo más profundo. Esto amplía tu clientela potencial, desde las personas que buscan tu servicio hasta cualquiera que pueda identificarse con los sentimientos que inspira tu contenido. Además de publicar contenido que sea una representación pictórica de estos sentimientos, debes construir una historia de marca que resuene con tu producto y servicio. Una historia que inspire a la audiencia a alcanzar sus objetivos personales.

Imágenes nostálgicas: Elige una imagen agradable, familiar y atractiva de tu empresa que sea bastante antigua, por ejemplo, de hace tres años. Las fuentes diminutas y escritas a mano son melancólicas y desencadenan recuerdos. Alinea tu filtro con el tema estacional actual, por ejemplo, alto contraste para el invierno. Vincula estas imágenes a un hashtag conocido como #TuesdayVibes para atraer más interacción y acciones.

Imágenes divertidas: Las imágenes con fines de entretenimiento no tienen por qué estar relacionadas con tu marca, pero deben estar diseñadas con el fin de atraer a tus seguidores para que se puedan considerar exitosas. El tipo de letra que utilices debe estar en consonancia con el contexto del post, por ejemplo, sans serif para el humor seco, o serif para las bromas ligeras; aplica filtros cálidos a la imagen. Dado que las imágenes divertidas son muy compartibles, puedes esperar que promuevan tu marca considerándola una empresa agradable.

Al igual que en el caso anterior, otra estrategia que puedes poner en práctica es utilizar una estadística o una cita como imagen llamativa para animar a tus lectores a consultar el artículo completo. Puedes crear superposiciones de texto y gráficos interesantes con herramientas como Photoshop, GIMP o Pixlr Editor, también a través de software online como Pixelmator (https://www.pixelmator.com/) o Krita (https://krita.org/en/), o aplicaciones como Snappa (https://snappa.com/) y Canva (http://www.canva.com).

Sé una fuente de conocimiento e información

Ofrecer consejos e información general a tu audiencia es una forma inteligente de demostrar tu valor, aumentar el engagement en tus contenidos y asegurar la fidelidad de los clientes. Puedes poner en marcha este enfoque publicando guías paso a paso sobre cómo crear un collage de fotos o utilizar una sola foto dividida en diferentes marcos, similar a cómo funcionan sitios web como por ejemplo Fotor (www.fotor.com) y Luminar, que proporcionan herramientas para álbumes de fotos. También programas para móviles como Moldiv y PicsArt pueden crear un efecto similar en cualquier dispositivo. Por ejemplo, Ohh Deer promociona su spray antimosquitos cambiando constantemente las paletas de colores con una imagen central dividida en cinco. Las imágenes contienen sutiles pistas y pies de foto que explican adecuadamente la idea que se está llevando a cabo.

Muestra la etapa de desarrollo

Puedes mejorar la relación de los clientes con tu marca mostrándoles tu lado humano. Deja que tu público sienta que forma parte de una comunidad especial, dándole la oportunidad de echar un vistazo a un día cualquiera en tu marca. Utiliza imágenes para documentar la acción entre bastidores, o utiliza teasers para mostrar cada paso que ejecutas, permitiéndole así a tu audiencia ser parte del proceso.

La popular locutora Madalyn Skylar publicó una vez un tatuaje de un elefante en su brazo izquierdo en señal de concienciación sobre los elefantes que mueren cada día en África a manos de los cazadores furtivos. Este contenido da una idea de las causas que defiende fuera de su marca. Otros ejemplos pueden ser mostrar un picnic para los empleados o publicar una foto de los empleados que realizan un voluntariado en un refugio.

Muestra tus iniciativas benéficas y prueba con el marketing orientado a objetivos

Independientemente del tamaño de tu empresa, poner en práctica el marketing benéfico es una forma sólida de separar tu marca del resto y cultivar relaciones auténticas con tu público.

Un buen ejemplo es la campaña benéfica de los 27 autobuses de Unicef, que aludía a los 27 millones de niños sin escolarizar conduciendo 27 autobuses escolares vacíos por Manhattan.

La iniciativa atrajo mucha atención antes de la Asamblea General de las Naciones Unidas, la cual se centró en la difícil situación de los niños en zonas devastadas por la guerra. El marketing orientado a objetivos es similar a este enfoque, pero se centra en el uso de las plataformas sociales para abordar cuestiones políticas y sociales. Empresas como Netflix, Reebok y Ben and Jerry's (crearon un nuevo sabor de helado y panfletos de concienciación) adoptaron una postura en las redes sociales contra la brutalidad policial.

No debe tratarse simplemente de subirse a un tema viral: eso no es lo que significa tomar partido en este contexto. Sólo debes aportar tu granito de arena a una causa en la que tu marca crea, una que coincida con los valores de tu producto o servicio empresarial. No intentes saltar sobre un tema o forzar a tu marca a participar en la conversación, porque si se detecta una agenda de este tipo, puede causar una gran reacción contra tu empresa.

Una vez que hayas mostrado el lado caritativo de tu marca, es vital comunicar que realmente defiendes estas causas, y asegurarte de que tus acciones muestran lo mismo. Refleja coherencia con todas las causas en las que participes.

Antes de participar, imagínate el futuro de tu empresa y haz una introspección sobre cómo el apoyo que muestres afectará positivamente a tu marca e influirá en su crecimiento dentro de una o dos décadas.

Además, recuerda que no es necesario elegir un bando para los temas políticos y sociales. Las grandes marcas se mantienen neutrales y centran sus esfuerzos en ayudar a las víctimas con paquetes de ayuda. Tú también puedes adoptar este enfoque.

Utiliza los memes populares para que tu marca se gane el cariño del público

Los memes son muy populares hoy en día. Estas imágenes humorísticas son fáciles de compartir y son un pilar universal en todas las plataformas de redes sociales. Si no sabes lo que es un meme (probablemente te hayas encontrado con uno sin saberlo), visita un sitio web como Giphy para encontrar memes perfectos para tus redes sociales. Incluso puedes crear los tuyos propios: es mucho más fácil de lo que crees.

Hay varios elementos que hacen que los memes sean tan interesantes. Son ingeniosos, fáciles de relacionar y muy divertidos. Sitios web como Imgur y Memegenerator son excelentes para recopilar memes populares, y puedes encontrar memes de moda en plataformas como Reddit y 9Gag. Puedes integrar los memes en tu estrategia de marketing, pero asegúrate de que se ajustan a tu producto. No tiene sentido utilizar un meme divertido, por muy tentador que sea, sin que exista ninguna correlación con tu marca. Cualquier meme que utilices debe atraer a tu público objetivo de manera que te entienda mejor.

Por lo general, las imágenes humorísticas tienen una buena tendencia en las redes sociales, al igual que cualquier contenido que provoque una reacción emocional positiva. Los subreddits "hilarious", "Pics" y "Oops" de Reddit (r/hilarious), (r/pics) , (r/oops) son una rica fuente de contenido. Si tienes fotos originales, es aún mejor. Aunque los memes tienen un alcance global, es fundamental no depender únicamente de las imágenes virales para tu contenido.

A pesar del engagement que pueden aportar, generalmente no se consideran "contenido de alta calidad" en plataformas como Facebook, ya que atraen el engagement de todos los rincones de la aplicación. Una sobrecarga de memes en tu página puede afectar a tu reputación y puede ofrecer más desventajas que ventajas. Sin embargo, si los utilizas de forma intermitente, los memes pueden aportar un soplo de aire fresco a tu audiencia.

Utiliza las tendencias actuales de la cultura pop

Al igual que la reputación de un meme sube y baja, lo mismo sucede con la moda de ciertas imágenes. Algunas tendencias son un pilar, como los selfies y los "photobombs", mientras que otras como "schleep" y "YOLO" ya no son tan populares. Aun así, estas tendencias pueden ser un engranaje en tu rueda de marketing para impulsar el engagement, ya sean imágenes que tú mismo tomaste o fotos enviadas por tu audiencia. Un buen ejemplo es Disney World, que anima a los visitantes a documentar su recorrido por el parque y las atracciones y a etiquetar a Disney para conseguir una mayor exposición en las redes sociales.

Utiliza Scribd para las presentaciones

Scribd tiene más de 80 millones de usuarios y se considera uno de los mayores centros de plantillas de PowerPoint. A menudo se le llama el Netflix de PowerPoint. La plataforma ofrece plantillas para cualquier tema. Muchas de las presentaciones sirven para fines empresariales, lo que hace que la plataforma sea vital para las organizaciones B2B.

La estructura de la plataforma hace que el proceso de incorporación sea fácil, y puedes ejecutar campañas para generar clientes potenciales de calidad (la versión de pago incluso permite insertar formularios de contacto dentro de la presentación).

La mayoría de las presentaciones de éxito de Scribd se adaptan al tema. Convirtiendo las partes individuales de la copia escrita (discursos, libros electrónicos y publicaciones de blog) en contenido visual de primera categoría, con gráficos e imágenes atractivos, una paleta de colores y fuente invariables y con un texto mínimo en cada diapositiva. A veces, ¡incluso se puede conseguir media frase por página!

Puedes consultar cualquiera de los 100 millones de documentos de Scribd, y desde que SlideShare se unió recientemente a la comunidad, puedes consultar funciones como Popular y Explorar para identificar los estilos que quieres imitar. Puedes crear, guardar y subir contenidos a través de programas como ZohoShow y PowerPoint, herramientas online como Slidebean o apps como Canva.

Después de publicar tu contenido, la presentación puede compartirse en casi todas las plataformas de redes sociales y plasmarse en páginas web.

Utiliza formatos de imagen alternativos

No se pueden ignorar otros tipos de imágenes como las capturas de pantalla o las nubes de palabras. Las nubes de palabras son una forma innovadora de presentar el contenido en las redes sociales, ya sean las palabras de un artículo, los comentarios del público en una actualización de estado o la transcripción de un vídeo. Plataformas como MonkeyLearn generan automáticamente una nube de palabras personalizable a partir de un texto aportado por el usuario. Cualquier palabra que aparezca repetidamente en el texto será destacada en la imagen resultante.

Si quieres dirigir a tu público de las redes sociales a una página concreta de tu sitio web o mostrar los pasos específicos para comprar un producto, las capturas de pantalla son una forma eficaz de conseguirlo. No les expliques por qué, simplemente muéstrales cómo hacerlo. Sacar capturas de pantalla es una tarea sencilla que puedes realizar en tu portátil con Paint o con una herramienta online como Snipboard.io para añadir anotaciones de flechas y texto antes de subirlas.

Si prefieres un poco de condimento en tus capturas, una herramienta como Desygner permite a los usuarios insertar capturas en imágenes de archivo que fueron tomadas en escenarios reales. Si no encuentras la imagen apropiada, las capturas de pantalla pueden ser útiles. Las listas jerárquicas, las citas en bloque y los párrafos cortos son los que mejor funcionan.

La infografía no tiene por qué ser acerca de un concepto completo. Puedes compartir un fragmento de datos interesantes en forma de gráfico con una simple superposición de texto. Algunos ejemplos son el número de días que se tarda en tejer una almohada mullida, las donaciones que se han hecho a los centros de acogida de voluntarios a lo largo de los años o el número de magdalenas que consume tu equipo en una semana.

Merece la pena probar con los GIFs animados
Aunque los GIFs animados han sido populares durante los últimos años, su uso ha aumentado recientemente debido a una mayor velocidad de Internet y unas herramientas de creación más sólidas. Los GIFs animados se pueden utilizar en las plataformas sociales principales y ofrecen una vía segura para que las marcas muestren un lado divertido en su contenido.
Puedes utilizar GIFs para:
- Explicar un tutorial complicado
- Recordar un momento divertido de un evento pasado, campaña de promoción,
- Mostrar la parte menos pública de la empresa
- Mostrar las ventajas de un producto o servicio

- Reaccionar al comentario de un cliente
- Transmitir una reacción de sorpresa
- Hacer un anuncio, entre otros

Si quieres acceder a un sólido archivo de GIFs, echa un vistazo a GifCities. Si prefieres crear GIFs personalizados, un software como Giphy o una herramienta web como Pixteller pueden ayudarte. Además, las marcas que quieran crear GIFs animados que funcionen en bucle pueden probar LunaPic

Estrategias de contenido de vídeo

Los vídeos en directo o pregrabados son una parte importante del marketing en las redes sociales, y las estrategias mencionadas anteriormente pueden realizarse en formato de vídeo para las diferentes plataformas sociales. En capítulos posteriores, se explorarán consejos específicos sobre cómo maximizar la influencia del contenido de vídeo para cada plataforma de redes sociales. Previamente, la atención se centraba en conseguir un estatus viral con cada vídeo. Hoy en día, ser viral no tiene el mismo peso para tu negocio a largo plazo.

Cambiar el enfoque hacia vídeos cortos, divertidos, originales y valiosos es mejor estrategia que perseguir el post viral. Dado que la capacidad de atención del usuario medio de las redes sociales es limitada, los vídeos cortos te permiten relatar tus puntos rápidamente, sin la molestia de tener que crear contenidos en profundidad.

Crea vídeos atractivos para tu marketing en las redes sociales

Tus vídeos deben estar diseñados para aportar valor y contar una historia, aunque el espectador no vea el clip completo. Utiliza herramientas adaptadas a los dispositivos móviles para crear contenido orgánico que atraiga a tus seguidores. En estos tiempos, aunque la capacidad de atención del usuario medio de las redes sociales es muy corta, la gente pasa más tiempo en sus teléfonos. Tu tarea es crear nuevas vías para retratar historias atractivas y desencadenantes en un tiempo mínimo. Puedes hacer que tus vídeos sean más atractivos adaptando el formato a los dispositivos móviles, como el vídeo vertical.

Es mejor adaptar tus vídeos a los dispositivos móviles, ya que esto te ahorrará tiempo y dinero a la hora de editar. Plataformas como Encoding y Lumen5 te permiten crear diferentes formatos de un mismo vídeo a la vez. Se recomienda que, cuando publiques contenido en solitario, utilices el modo vertical. Si quieres transmitir un vídeo con un invitado o mostrar un objeto, debes elegir el modo horizontal. Si deseas mantener tu vídeo simple, los vídeos cuadrados van muy bien para cualquier tipo de contenido.

¿Cuál es la repercusión del vídeo vertical en las redes sociales?
La opinión acerca del vídeo vertical en el pasado era en su mayor parte negativa; la mayoría de los expertos del sector preferían los vídeos apaisados. El razonamiento detrás de ese pensamiento era que nuestra visión natural es en modo "horizontal".

Sin embargo, la evolución de dicho contenido en las redes sociales ha demostrado que es hora de reconsiderar este enfoque, los vídeos verticales en los teléfonos móviles presentan la narración de historias en un formato que conecta profundamente con cualquier audiencia, y ahora sirve como el modo por defecto para la mayoría de los especialistas en marketing de redes sociales.

Por ejemplo, el modo por defecto de Instagram Stories es vertical.

La peculiaridad que hace que los vídeos verticales sean ampliamente aceptados es la sensación de originalidad que promueve, incluso para los contenidos de marca. La facilidad de acceso y visualización es inigualable, ya que los espectadores no tienen que girar sus pantallas: se alinea con el ángulo en que el 99,9% de los humanos sostienen sus smartphones.

Dado que el contenido vertical es especialmente para los teléfonos móviles y que la mayor parte del contenido de vídeo vertical se graba en smartphones, las expectativas de tu audiencia son significativamente diferentes del contenido que ven en su ordenador portátil o en plataformas que adoptan vídeos de larga duración, como YouTube.

Tu contenido no necesita ser pulido cuando se trata de un vídeo vertical: la mayoría de los contenidos pulidos resultan genéricos para la audiencia.

Estos cinco consejos pueden ayudarte a aumentar las impresiones de tu vídeo vertical:

Contenido: Entiende a tu audiencia y el tipo de contenido que les gusta. El vídeo vertical es ideal para grabar objetos verticales animados, como los seres humanos.

Relación: Identifica el lugar en el que tu audiencia podría encontrarse con tu contenido. ¿Será en la comodidad de su casa (donde se prefieren los vídeos apaisados) o en el autobús (perfecto para ver vídeos verticales)?

Duración: Al igual que el último punto mencionado, los vídeos verticales son conocidos por ser un contenido que se puede ver en cualquier lugar. Es probable que tu audiencia no pueda permitirse el lujo de ver vídeos de larga duración: hazlo corto, conciso y sé directo desde el principio. El contenido con impacto inmediato causa la mejor impresión.

Controla la narración: Con el vídeo vertical, tienes todo el poder para determinar la atención del espectador. Los vídeos horizontales suelen desplazar la mirada del espectador de izquierda a derecha, mientras que los verticales no tienen un cambio de ángulo fijo: todo depende de ti.

Adapta el contenido para su visualización en ordenadores de sobremesa: Por mucho que atiendas a tus espectadores móviles, no olvides a los miembros de tu audiencia que utilizan ordenadores de sobremesa. Adapta tus vídeos verticales a un formato cuadrado, que pueda utilizarse en la mayoría de las plataformas sociales.

Añade herramientas de transmisión en directo a tu arsenal
Herramientas como Instagram Live han facilitado la transmisión en vivo con tu audiencia y te han abierto camino en su conciencia. Las marcas y las empresas tienen la suerte de poder añadir transmisiones en directo para complementar las estrategias de marketing destacadas con anterioridad a través de la historia de la marca, la promoción pagada, las demostraciones de productos, etc.

Estas estrategias pueden combinarse para llegar a un público más amplio y conectar con los seguidores a un nivel más profundo. Más adelante en el libro, se discutirán diferentes elementos de las herramientas de transmisión en vivo, sin embargo, si ya te parece interesante, a continuación se mencionan los fundamentos para ayudarte a conectar con tus seguidores y lograr despertar su interés. Aunque los vídeos en directo son inéditos y naturales, eso no significa que deban ser caóticos. Necesitan un tono de marca normal, cierta calidad y una estructura:

Conexión de calidad: Nada molesta más a los espectadores que una mala conexión que se interrumpe o desconecta constantemente. Es esencial conectarse a una red 4G o Wi-Fi sólida. Si prevés problemas de red, informa a tu audiencia al principio de la emisión para que puedan gestionar sus expectativas.

Un buen montaje y fondo: Si tu transmisión es desde tu oficina o casa, haz un vídeo de prueba para comprobar la disposición desde el punto de vista del público. Asegúrate de que el público vea un escenario bien iluminado con un fondo profesional (evita cocinas, garajes, etc.). Al fin y al cabo, quieres parecer profesional. Hay que admitir que no siempre se puede tener un escenario perfecto, pero intenta grabar en buenas localizaciones.

Cámara fija: Esto no siempre es posible. Tal vez no puedas mantener la cámara fija, especialmente si estás mostrando a tu audiencia un recorrido por un lugar único. Sin embargo, para las retransmisiones en directo en las que te grabas a ti mismo, un palo de selfie o un soporte de trípode deberían servir.

Sonido de calidad: Una retroalimentación de audio o ruido de fondo pueden molestar a la audiencia durante las transmisiones en vivo. Si no puedes retransmitir en un lugar tranquilo y no puedes confiar en el micrófono de tu smartphone, considera la posibilidad de comprar un micrófono de pinza para eliminar la mala calidad. Algunos micrófonos tienen incluso una cubierta mullida que bloquea el ruido del viento.

Cuando utilices la transmisión en directo como una de tus estrategias de contenido, es fundamental tener en cuenta el hecho de que la audiencia que ve el comienzo de tu transmisión probablemente verá una repetición (es casi imposible que todos tus seguidores sintonicen la transmisión en el momento exacto que entras en directo). Piensa en estos espectadores y asegúrate de que hay una acción visible en la pantalla para captar su atención. Los primeros 45 segundos de tu transmisión son cruciales para su éxito.

Comienza tu transmisión con una introducción para la audiencia en vivo y para los seguidores que vean posteriormente la grabación, y destaca lo que la audiencia puede esperar del directo. Mantén la atención de la audiencia con preguntas sencillas como "¿Desde qué país te unes?". Este enfoque funciona de maravilla en una plataforma como Facebook, donde el algoritmo promueve tu transmisión a una audiencia más amplia en función del número de comentarios.
Continúa ofreciendo ideas y contenidos prácticos a la audiencia, pero asegúrate de pedir su opinión sobre la información que proporciones. Si la respuesta es positiva, anima a tus seguidores a escribir sus preguntas e invita a otros a unirse.

Al final de tu transmisión, destaca los puntos más convincentes y deja caer un teaser sobre el próximo tema a tratar en directo. Dales una fecha y una hora para que puedan acceder antes a las futuras retransmisiones.

Capítulo 8: Cómo crear una estrategia de contenido en las redes sociales que genere engagement

Crea concursos y retos en las redes sociales

Los concursos y los retos, en cualquiera de sus formas, son una estrategia garantizada para que muchas empresas aumenten sus seguidores en las redes sociales, incrementen el conocimiento de la marca entre los clientes potenciales, atraigan la atención hacia un nuevo servicio, ganen fidelidad a la marca y construyan una comunidad en torno a ella. El objetivo de cualquier concurso es captar clientes potenciales que se mantengan fieles a tu empresa una vez finalizado el periodo de promoción y convertirlos en clientes fieles y de pago.

Si quieres conseguirlo, ofrece un regalo que atraiga a tu público objetivo (un lote de magdalenas si tienes una pastelería, una sesión de manicura/pedicura si tienes un salón de manicura, vales exclusivos, etc.) Los premios genéricos, como iPhones o tarjetas regalo, sólo atraerán a seguidores inconstantes a los que no les interesa realmente tu producto, y es poco probable que se conviertan en clientes de pago a largo plazo.

Para eliminar a los seguidores de poco valor, amplía la duración del concurso para desanimar a los participantes que buscan una victoria rápida. Dos semanas o un mes debería ser el periodo estándar. Diseña el proceso de inscripción de forma que solo lo intenten los clientes reales.

Puedes hacer que tu concurso sea un éxito proporcionando también enlaces que los clientes puedan compartir en otras plataformas, patrocinando un sorteo conjunto con una empresa similar para conseguir audiencias cruzadas y probando con anuncios de pago para impulsar la participación en las primeras fases.

Colabora con influencers de las redes sociales

Una tendencia común en las redes sociales en la última década ha sido el marketing de influencers. El marketing de influencers es una estrategia en la que se colabora con personalidades de las redes sociales que tienen un gran número de seguidores y están interesadas en ayudarte a promocionar tus productos y servicios.

Es fundamental que el influencer realmente adore el servicio que ofreces (o esté dispuesto a probarlo) y quiera promocionar el producto o servicio entre sus seguidores, que suelen ser una base que constituyen tu grupo demográfico objetivo. Cuando un influencer promociona tu producto, sirve como sello de aprobación para sus seguidores y da a tu marca una mayor exposición y notoriedad, y esas relaciones florecen gradualmente.

Es habitual que las marcas se dirijan a influencers populares con miles o millones de seguidores para promocionar su producto. Normalmente esto implica una tarifa considerable. Los micro-influencers, sin embargo, son baratos de contratar y no te costarán mucho. Puedes llamar su atención tuiteándoles, dejando un comentario en sus publicaciones o enviándoles un dm. Cuando reciban varias notificaciones de tu marca, puede que estén dispuestos a negociar.

También puedes pagar por los servicios de los influencers ofreciéndoles los productos que vendes de forma gratuita. Si tu producto se ajusta a sus necesidades, es posible que estén dispuestos a escribir una reseña pública o a compartir un vídeo/foto de ellos usando el producto o servicio a cambio de cosas gratis.

Nota: Para que tu campaña con influencers tenga éxito, sé exigente con quién quieres colaborar. Envía ofertas solo a los influencers que tengan un historial creíble de influencia en su base de seguidores para que patrocinen una marca.

Si tu negocio es nuevo, es recomendable que te asocies con influencers de bajo nivel que puedan estar más dispuestos a trabajar contigo, por ejemplo, "una página con una base de seguidores locales en la misma región que tú frente a una personalidad internacional de las redes sociales con millones de seguidores".

Aumenta tu visibilidad y alcance con los hashtags

Las plataformas de redes sociales utilizan hashtags para agrupar contenidos similares, y su uso en tu marketing puede añadir contexto a tu contenido. Añadir "#" al principio de una palabra la convierte inmediatamente en un enlace.

Este enlace es una forma fácil de que los clientes potenciales y los seguidores vean todo tu contenido. Al hacer clic en un hashtag, serán redirigidos a todas las publicaciones con el mismo hashtag. Aunque muchas empresas lo utilizan porque es una estrategia "de moda", usarlos sin ningún objetivo en mente puede reducir el efecto de tu contenido, o incluso desanimar a la gente a comprometerse con tu marca.

Como marca, tu estrategia de hashtags debería encajar en tres categorías: de campaña, de comunidad o de marca. Las dos últimas categorías están pensadas para campañas a largo plazo, mientras que los hashtags de campaña funcionan mejor para un efecto inmediato.

Hashtags de marca

Estos hashtags son únicamente para tu marca; puede ser el nombre de tu marca (#JoeBuddenPodcast), un eslogan común (#NationalFriedChickenDay de KFC) o el nombre de un producto (#Vans o #Jordans). Conseguir que la audiencia se involucre con tu hashtag es fundamental para promover tu presencia online, especialmente en una plataforma como Instagram.

Cuando tus seguidores utilizan tu hashtag, demuestran que quieren asociarse con tu producto y servicio o compartir su experiencia con su red. Es aún mejor cuando la audiencia publica contenido visual junto a tu hashtag. Puedes utilizar las publicaciones bajo un hashtag en particular para organizar el contenido generado por los usuarios siempre que lo necesites.

Hashtags de comunidad

Este tipo de hashtags permite a las empresas conectar con miembros de la audiencia que tienen la misma opinión sobre un tema específico, sin embargo, a diferencia de los hashtags de marca, no necesitan relacionarse directamente con tu marca. Los hashtags de comunidad suelen centrarse en temas sociales.

Por ejemplo, Jeep se comprometió a donar 1 dólar a las familias de militares por cada hashtag #jeepsummer con una foto del vehículo. Puedes poner en práctica esta estrategia para mostrar tu opinión o sentimiento sobre un tema relacionado con tu negocio, por ejemplo, "#WinTheDay o #ThriftNY".

Hashtags de campaña

Estos hashtags no duran más de unas semanas porque están estrechamente asociados a campañas individuales, como un sorteo o el lanzamiento de un producto. Por lo tanto, las empresas promueven este tipo de hashtags para generar actividad durante la duración del concurso o el lanzamiento del producto. Una vez finalizado el concurso, las marcas suelen abandonar el hashtag. Por ejemplo, Coca-Cola lanzó el hashtag #ShareACoke donde la gente podía pedir botellas personalizadas de la bebida con su nombre en la botella. La empresa incluso creó un sitio web a tal efecto, y la campaña se hizo tan grande que aún sigue en marcha.

Las mejores estrategias para la promoción de hashtags

Aunque las estrategias de hashtags para cada una de las principales plataformas de redes sociales se tratarán en capítulos posteriores, los consejos que se destacan a continuación te ayudarán a realizar una campaña de hashtags decente.

Conoce tus objetivos: Esto te ayudará a centrar tus esfuerzos en la dirección creativa correcta para integrar los hashtags en tu marketing en redes sociales. Tus objetivos pueden ser dar a conocer un producto, mejorar las participaciones en concursos o atraer contenido generado por los usuarios.

Haz tus deberes: Investiga, identifica los hashtags que son populares entre tu audiencia cuando hablan de tu negocio y aplícalos. Tienes que asegurarte de que el hashtag que elijas no esté en uso por otra marca. Sitios web como RiteTag (https://ritetag.com/) son excelentes para crear y medir hashtags.

Lo simple es siempre mejor: Tus hashtags deben ser fáciles de escribir y recordar. Asegúrate de que sean tan fáciles que no haya forma de que un seguidor pueda escribirlos incorrectamente.

Cuanto más corto, mejor: No quieres un hashtag que se parezca a #MartesDePastelSonImpresionantes - es innecesariamente largo. Más bien, intenta algo como #CupcakeTuesdays. Evita escribirlo como #cupcaketuesdays. Las mayúsculas son importantes.

Explica el PORQUÉ: Haz saber a tu audiencia cómo y por qué deben añadir el hashtag en sus publicaciones. Ten paciencia. Cuando lanzas un hashtag, lo más probable es que no se ponga de moda en los primeros días, especialmente si es un eslogan o es unilateral. Los hashtags que funcionan bien son inclusivos, fácilmente descubribles y compartibles. Si un hashtag no encaja bien en una publicación, es probable que la audiencia lo ignore.

Aporta valor a tu hashtag: Tu hashtag está diseñado para atraer el interés y hacer que tu audiencia sienta curiosidad por la conversación que implica el hashtag. Debe ser positivo para tus clientes y tu marca. Puedes agradecer a los usuarios que lo utilicen con un comentario o un "me gusta".

Perfecciona tu estrategia en función de los resultados: Mide tus resultados y ajusta tu campaña en consecuencia para mantenerte centrado y alcanzar los objetivos que te has marcado para tu estrategia de hashtags. Un patrón popular entre los usuarios de las redes sociales es el uso de hashtags de "emoción" como "¡Las atracciones de Disney World eran increíbles! #fun #BestParkEver".

Independientemente del lenguaje utilizado en un hashtag, puedes obtener una visión real de cómo tu audiencia percibe tu marca. All Hashtag es una gran herramienta a fin de comprobar los tweets que son tendencia para cualquier hashtag, generar hashtags para múltiples plataformas de redes sociales y analizarlos.

Utiliza una guía de estilo para tu marketing en redes sociales

Un tema común en este libro es que la mayoría de los perfiles de redes sociales que han tenido éxito han sido coherentes con su estrategia. La consistencia en tus esfuerzos debe llegar a un punto en el que tu contenido sea reconocible al instante por tus seguidores. Para promover una sensación de regularidad y familiaridad con tus seguidores, lo más probable es que necesites una guía de estilo para tu marketing en redes sociales.

Es fundamental elaborar una. Una guía de estilo proporciona un esquema claro y determina cómo se posicionará tu empresa en Internet. Lo ideal es que influya y se integre en las directrices de tu marca. Aunque no existe una estructura establecida para las guías de estilo, hay ciertos elementos que se aplican a todas las marcas:

Personalidad de la marca: ¿Cómo se ve tu marca con su marketing? ¿Hay diferencias de tono cuando se trata de diferentes situaciones? ¿La personalidad de tu marca es directa, ingeniosa o una mezcla de ambas?

Estructura gramatical: Es obvio que tienes que tener una ortografía correcta en tus mensajes. Sin embargo, ¿cómo es tu estructura gramatical y la combinación de frases? ¿Utilizas el lenguaje coloquial? ¿Empleas mucho los emojis? ¿Prefieres las frases cortas o largas?

Plantilla de contenido: El formato es fundamental para las marcas con múltiples cuentas sociales en diferentes plataformas. ¿Será coherente el formato en todas las plataformas? ¿Tu plantilla dependerá de la plataforma y del tipo de contenido?

Contenido visual: Elegir el aspecto adecuado para tu marca es de suma importancia. Tienes que decidir cómo hacer que tus vídeos GIFS e imágenes sean accesibles desde un archivo específico. Esto debe incluir información sobre plantillas, fuentes, paletas de colores y los diferentes formatos de contenido para cada plataforma.

Uso de hashtags: Los hashtags son fundamentales para generar engagement, pero su uso y la frecuencia con la que se utilizan difieren según la plataforma social y el tipo de negocio.

Publicaciones de moda: Es fundamental tener en cuenta la percepción del público, especialmente cuando se trata de publicar contenidos después de una noticia de última hora. No querrás dar la impresión de que no te importa o de que no tienes tacto. Mantente al tanto de las informaciones que preocupan a la audiencia de tu marca cuando publiques contenido. Si es necesario, pospón tu contenido programado y comienza con algo inspirador cuando se produzca un acontecimiento importante (malo).

Depende de ti incorporar cualquiera de estos elementos en tu guía de estilo, pero recuerda que es un documento que puede contribuir enormemente al crecimiento de tu marca.

SU REGALO

Nos gustaría darte un regalo para agradecerte la compra de este libro. Puedes elegir entre cualquiera de nuestros otros títulos publicados.

Puede obtener acceso inmediato a uno de nuestros libros haciendo clic en el siguiente enlace y uniéndose a nuestra lista de correo: https://campsite.bio/digitalmarketing

www.ingramcontent.com/pod-product-compliance
Lightning Source LLC
Chambersburg PA
CBHW070543160726
48003CB00005B/1853